Nylands Kleine Westfälische Bibliothek 2

www.nyland.de

nyland@nyland.de

Gustav Sack
Lesebuch

Zusammengestellt und
mit einem Nachwort
versehen von
Walter Gödden

NYLANDS KLEINE WESTFÄLISCHE BIBLIOTHEK 2

Nylands Kleine Westfälische Bibliothek
herausgegeben im Auftrag der Nyland-Stiftung, Köln,
in Zusammenarbeit mit dem Westfälischen
Literaturmuseum Haus Nottbeck und dem Förderverein
Kulturgut Haus Nottbeck
von Walter Gödden
Band 2

Die Deutsche Bibliothek – CIP-Einheitsaufnahme

Sack, Gustav:
Gustav-Sack-Lesebuch / zsgest. und mit einem Nachw. vers. von Walter Gödden. – Köln : Nyland-Stiftung, 2002
(Nylands Kleine Westfälische Bibliothek ; Bd. 2)
ISBN 3-936235-01-5

0101 deutsche buecherei

Gedruckt auf umweltfreundlichem, chlorfrei gebleichtem und alterungsbeständigem Papier.

Alle Rechte vorbehalten. Dieses Werk sowie einzelne Teile desselben sind urheberrechtlich geschützt. Jede Verwertung in anderen als den gesetzlich zugelassenen Fällen ist ohne vorherige schriftliche Zustimmung des Verlages nicht zulässig.

Bücher der Nyland-Stiftung, Köln
© Nyland-Stiftung, Köln
ISBN: 3-936235-01-5
Redaktion: Wolfgang Delseit
Lektorat: Lelo C. Burkert-Auch
Satz: TIESLED Satz & Service, Köln
Umschlaggestaltung: Robert Ward
Druck: DIP Digital Print, Witten
Printed in Germany

Inhalt

Aus der *Einjährigen-Zeitung* (1902)
  Ich bin ein Sack...   9
  Steckbrief   9
  Geharnischtes Sonett   10

Aus dem *Tagebuch* (1910)   11

Aus dem Roman *Ein verbummelter Student* (1910-1913, 1916)
  Am Bruchbach   14
  Phallus impudicus   19

Aus Briefen an seine spätere Frau Paula Sack geb. Harbeck (1912)   24

Aus dem Roman *Ein Namenloser* (1912-1913)   26

Aus Briefen an seine spätere Frau Paula Sack geb. Harbeck (1913)   32

Aus dem Gedichtband *Die drei Reiter* (1913-1914)
  Das Hopsassa   33
  Frühling   34
  Im Englischen Garten   35
  Das Moor   36
  Der Schuß   37
  Der Tote   38
  Vorfrühling   39
  Julitag   40
  Der Föhn   41
  Herbst   42
  Der Schriftsteller   43
  Das Genie   44
  Politik   44
  Literaten   45
  Quark   45

Bagatelle	46
Die drei Reiter	46
Das Leben	47
Der Tag	48
Die Drossel	49
Die Nacht	50
Die reine Seele	50
Der Prolet	51
Der Morgen	51
Die Klage	52
Umsonst	53
Der Schrei	53
Der Rubin	54
Die Flamme	54
Nach dem Regen	55

Aus dem Romanfragment *Paralyse* (1912-1914) — 56

Aus der Novellensammlung *Der Rubin* - 1 - (1913-1914)

Der Rubin	63
Die Dirne	68
Das Duell	71

Aus den *Essays und Kritiken* (1913-1914)

Kitsch	78
Der Zynismus unserer Jüngsten	79

Aus Briefen an seine Frau Paula Sack geb. Harbeck (1913-1914) — 84

Aus dem Dramenfragment *Der Refraktair* (1914, 1916) — 91

Aus Briefen an seine Frau Paula Sack geb. Harbeck (1914-1916) — 95

Aus dem Novellenband *Der Rubin* -2-
(1913/1914)
   Im Heu 111

Aus dem *Tagebuch eines Refraktairs* (1914-1916)
   Hinter der Front 118

Nachwort 123

Sack war ein Vulkan. Eine Eruption. Erde selbst. Eine Dichterkraft ohngleichen schleudert die Werke empor. Jedes Wort von tiefstem Erleben durchglüht. In jedem Worte ist Blut, ist Herz, ist Faust, ist Brand, ist ungeheure Verinnerlichung zum Erlebnisvorstoß immer zu höchstem: Dasein –, ist der Mensch selbst.

Erich Maria Remarque: *Werkausgabe* 1998, Bd. 4, S. 47

Aus der Einjährigen-Zeitung (1902)

Ich bin ein Sack,
ein großer, plumper Sack.
Doch rat' ich euch, seid still, seid still:
Gar sehr veränderlich ist Schicksalswill'.
Vielleicht schrumpft der Sack zum Beutel zusammen.
Oder er springt in mächtige Flammen.

Steckbrief

Gegen den schon mehrfach vorbestraften Freigeist „Mathes Caß", genannt Stier von Uri*, wird von der königlichen Staatsanwaltschaft ein Steckbrief erlassen. Genannter hat unter seinen Kameraden atheistische, antichristliche und allzu freisinnige Äußerungen gethan. Jeder, der Auskunft zu geben weiß, wird gebeten, selbigen an den Rechtsanwalt Escha – zu Wesel zu senden.

Personenbeschreibung

Größe:	2 Meter
Haltung:	Ganz sackähnlich
Haare:	Struppige, wüste Dichterlocken
Augen:	Verstohlene Katzenaugen
Nase:	Ein schillernder Leuchtturm
Stand:	Gewöhnlich
Benehmen:	Schüchtern, besonders in Liebesangelegenheiten.

* gemeint ist Gustav Sack

Geharnischtes Sonett

Macht Livius und Fritsche zu!
Schmeißt alle Hefter in das Feuer!
Den Xenophon, das Ungeheuer,
Verzehr' die erste beste Kuh!

Sie rauben uns nicht mehr die Ruh!
Tap'ziert nun an gewissen Orten
Mit Ellendt-Seyfferts hehren Worten!
Was nützt mich noch, daß p:q

Sich so verhält wie 5:2?
Was geh'n uns an die Gleichheitslehre,
Tangentensatz und Metternich?

Der dumme Optativ nach u,
Er möge sich zum Nordpol scheeren.
Dort sei sein Grab für ewiglich!

Aus dem *Tagebuch* (1910)

Mein Roman [Ein verbummelter Student] ist gut! Und soll ich hochkommen, so soll es mir das liebste von meinen Kindern sein! [...] Und dann Reisen! Ach! Reisen mit freiem, frohen Herzen, ohne Geldsorgen! Meistens zu Fuß. Eine Tour durch die Lüneburger Heide bis Bremen – im März, April, wenn die Weiden und Haseln und Erlen blühen, die Birken knospen, Erdgeruch, stechende Sonne und Regen und Hagelschauer! [...] Ich möchte mich wegwerfen wie ein abgebranntes Streichholz, aber ich darf es eben nicht. Nein, es ist keine Feigheit! Da habe ich meinem Vater wieder die tollsten Lügen aufgebunden wegen meines Examens. Ich werde nicht nur Virtuos im Hoffen, ein viel besserer noch im Lügen!

3. November 1910

*

Ich hatte Furcht, wahnsinnig zu werden [...]. Tausendmal verflucht der Tag, an dem ich das Licht sah! [...] Ich bin überhaupt ein Kind, ich kann mir gar nicht vorstellen, daß ich jemals alt werde [...].
Ich bin nun 25 Jahre, meine Beine haben eine kleine Neigung, ein O zu bilden, der Bauch ist zu stark gewölbt, die Hände zu groß, insbesondere der Ballen zu stark, der Hals zu dünn, zwar nicht dünner als bei andern, eher stärker, aber durch unsere verfluchte Kragenmode eingeengt, das Kinn zu klein, die Ohren viel zu lang, das rechte gut, da auf der Mensur die Spitze flöten ging, die Nase zu klein, Augen zu klein und zu tiefliegend, dadurch Backenknochen zu vorstehend, zu viel Schmisse, Stirn gut, Haar etwas besser als gewöhnlich, Neigung zur Schorfbildung. Kleine Zehe zu

klein, Zähne leidlich, nur zu tabakgelb. Fingernägel erträglich, nur der am rechten Daumen nicht, da er der vierte ist. Gang zu hastig, Wesen linkisch – doch nicht immer. Mund gut, müßte viel mehr geküßt werden. Phantasie verrückt und nicht wenig eitel, Intellekt unruhig, zuweilen scharf, ohne jede Ausdauer, Willen überhaupt nicht vorhanden. Mut aber da, wenigstens, wenn es andere oder ich sehen, Geist zu beeinflussen, besonders durch Freundlichkeit, leicht gekränkt, im höchsten Grade mißtrauisch, hier im Dorf beneidet – worum? –, draußen meistens beliebt, weil gut zu brauchen am Biertisch – Stimmung meistens verteufelt.

Liebhaber von:
 Geld,
 Wein,
 Mädchen,
 Tabak,
 Säbeln und Pistolen,
 Kaltem Braten,
 Starkem Kaffee,
 Äpfeln und Walnüssen,
 Reisen,
 Baden,
 Scharteken, wie selbstgemachten Pfeifenköpfen,
 Aschenbechern etc.,
 Versteinerungen,
 Pflanzen und Blumen,
 Büchern weniger,
 Musik und Mädchen und Wein und Geld, Geld, Geld, um es mit vollen Händen zu zerstreuen, Küsse und Wein und lustige Freunde mir einzutauschen, lustig zu leben und lustig zu sterben.

4. November 1910

*

[...] ach! dieses gedankenleere, öde und einsame Dahinbrüten über nichts vertreiben zu können, fortwerfen, vergessen machen und ertränken im lustigen Becherklang! So geht ein Tag nach dem anderen mir hin, zwecklos, inhaltlos, ganz wertlos und immer trüb und traurig.

17. November 1910

Aus dem Roman *Ein verbummelter Student* (1910-1913, 1916)

Am Bruchbach

In jener Gewitternacht war Erich ein Verlangen gekommen, das Schloß wiederzusehen; er war seit dem Herbst des vergangenen Jahres nicht mehr dort gewesen, da er gehört hatte, es werde wieder bewohnt, – aber heute an einem heißen Junitage war er hinausgewandert, sei es auch nur, um sich an der Geschmacklosigkeit, verfallene Gebäude wieder wohnlich zu machen, zu weiden. Er war den Weg über die östlichen Höhen und das Dorf gegangen und wollte sich auf dem Heimweg durch das abendliche Bruch für den ausgestandenen Ärger entschädigen.
Aber als er schon von der Heide aus eine Fahne auf dem Turm flattern, und als er näher kam, das Geländer der Brücke angestrichen und mit Maien bekränzt und den Torbogen mit Fichtenkränzen und Papierblumen umwunden sah, machte er grimmig kehrt, ging in eine Wirtschaft und freute sich an seinen Verwünschungen, diesen Überrest aus kraftvollen Tagen in einem Narrenkleid wiedersehen zu müssen.
Dann werden sie dir auch deinen Efeu abreißen, der dich bisher geschützt, und deine entblößten Mauern werden sie mit Zement beklecksen, deinen Alant und Eibisch werden sie dir geraubt, deine Weinrose ausgerodet und dafür Teppichbeete gezirkelt haben, deine hallenden Zimmer haben sie renoviert, deine rauchgeschwärzten Kamine vermauert, deinen Rasen mit unfruchtbarem Kies bestreut – haben dich verhunzt, das Narrenvolk! Zum Brandstifter möchte ich werden: lieber Schutt und Asche, den Pflug darüber und die allmählich verklin-

gende Erinnerung an ein Schloß mit hohen Türmen, das hier einst gestanden, als ein zementbeworfener renovierter Zwitter!
Wie ein Kneifer auf dem Visier einer Ritterrüstung mutet mich dieser Zementbestrich auf den rohen Sandsteinblöcken an – versucht doch nicht zu mischen, was nicht zu mischen ist! Die Zeit ist kein Zusammenhängendes, kein absolut Gegebenes; die da haben in ihren harten Köpfen die ihre geschaffen, ihr schafft euch die eure: wie könnt ihr die Produkte mischen, da eure Köpfe verschieden sind? –
Auf seine Frage erzählte ihm die Wirtin, das Schloß sei zu Ehren der Grafentochter geschmückt worden, die vor acht Tagen – wissen Sie, bei dem großen Gewitter – angekommen.
Weswegen ist denn noch die Fahne auf dem Turm? –
Ja, in der ersten Begeisterung sind die Leute von außen auf den Turm gestiegen und haben sie da aufgesteckt, und jetzt wagt sich keiner mehr hinauf. –
In der ersten Begeisterung? –
Nun ja, sie freuten sich doch. Sie sind ja auch für heute Abend zu einem Fäßchen Bier geladen. –
Freuten und begeisterten sich für eine Puppe, für einen Zieraffen, der von ihrer Hände Arbeit schmarotzt. – Ist denn schon vorher oder erst des gnädigen Fräuleins wegen der Efeu abgerissen und das Schloß mit Zement beworfen worden? –
Das Schloß mit Zement beworfen? Wie kommt Ihr darauf? –
Da zog er die Stirn in Falten, zahlte seine Zeche, grüßte und ging. –
Die wird mich für einen verfluchten Sozialdemokraten halten, – dachte Erich, als er außerhalb des Schloßbezirkes den Bach entlang stapfte – und doch ist mir nichts widerlicher als dies gröhlende Gezänke um Lohn und Brot. Aber ebensowenig kann ich für den irgendein

Gefühl der Hochachtung oder gar Begeisterung hegen, der durch seine Geburt und nicht durch eigene Kraft die Früchte fremder Arbeit an sich reißt und vergeudet. Nun – das mag mich wenig kümmern – ich muß erst mit mir klar sein, ehe ich mir über das Wohl und Wehe meiner erbärmlichen Landsleute Gedanken mache.
Und wann wird das werden? Kann das werden? – Aber soll sich Natur nicht doch einmal selbst ergründen? – Vielleicht in einer anderen ihrer Erscheinungen und eben nicht in mir – wozu aber bin ich denn da? –
Er blieb stehen und bohrte verbissenen Blicks den Stock in den torfigen Grund –
Ein spöttisches Lachen riß ihn hoch: Es wird Sonnentau sein, Herr Botanikus!
Es ist böser grundloser Sumpf – was suchen Sie hier? – rief er sich aufrichtend und den Stock, der tief in den schwarzen Moder eingesunken, herausziehend dem noch immer spöttisch ihn anlachenden Mädchen zu, das schlank und schön zwischen den Erlen am anderen Ufer stand.
Einen Weg über den Bach. –
Wohin? –
Zum Schloß – zu Ihnen, wenn Sie wollen. –
Hier ist der Bach breit und seicht – waten Sie doch durch. –
Ich muß zum Tanz!
Haha! sind Sie das famose Fräulein, das mit Böllerschüssen, Täteretä und wehenden Fahnen kam? –
Dann watete er aber trotzdem hinüber, nahm sie wortlos auf seine Arme und schickte sich an, sie hinüberzutragen. In der Mitte des Baches blieb er mit seiner Bürde stehen und fragte, ihr nahe in die Augen blickend:
Also Ihretwegen hat man mir das Schloß verhunzt? –
Schätzen Sie mich niedriger als das Schloß? – Tragen sie mich hinüber, – ich schenke Ihnen morgen eine Rose.
– Ah, so herum willst du – ? –

Warum nicht? Ich schenke dir eine Rose! –
Und wenn ich sie nicht mag? –
Ha! ich heiße Loo – und nun Gute Nacht, mein hübscher Herr. –
Als Erich über die Höhe ging und im Mondschein die fernen Türme und die schlaff herabhängende Fahne sah, duftete der Porst so narkotisch und jauchzte und klagte eine Nachtigall so feurig und traurig, daß er den Kopf schütteln und sich zusammenreißen mußte: Ich will es nicht! ich will meine Sehnsucht – hoho! meine Sehnsucht! aber ich will sie nicht verheddern mit der Brunst! – Aber das Lied, das dort oben in der Nacht schwamm, klebte an ihm und folgte ihm tückisch in Schlaf und Traum; es half ihm nichts: die Welt war eine schluchzende unaussprechliche Melodie, und ihre sich jagenden Erscheinungen ihr immer gleicher immer wechselnder Text.

Mit einem leichten Blut, aber einem Verstand, der in den Stunden, in denen er dieses nicht zu zähmen hatte, nicht von Langerweile geplagt war, sondern vorsichtig und neugierig in die Welt lugte und sich auf seine Weise bestrebte, in der Bilder Flucht das Beharrende zu finden, und deswegen mit ein wenig Melancholie und guten blauen Augen: so war ihr Vater auf dieser Welt angetreten. Zu einem Gelehrten zu ungeduldig, zu einem Landedelmann zu regsam und zu einem Beamten mit zu guten blauen Augen beschenkt, war er Soldat geworden und hatte in den drei Kriegen mitgekämpft. Und nun, zu Geduld und Gelassenheit gealtert, hatte er den Rest seines Lebens seinem still neugierigen Verstand zur Verfügung gestellt. Und da er eben geartet war, in den Dingen nur nach einem Dauernden zu suchen und nicht zu fragen nach ihrem wie? und woher? und weshalb so?, ging er gemächlich und mit fröhlicher Traurigkeit an der großen Grenze entlang, und der einzige Blick, den er

hinüber tat, war die Ahnung und die zögernde Bewunderung eines Unerklärlichen.
Und hatte ihm bisher das Schloß mit seinen reichen Erträgen aus ausgedehnten Ländereien und Waldungen ein sorgenfreies Leben gewährt, so sollte es ihm jetzt in seiner Stille und Abgeschiedenheit erst das rechte geben. So lebte er seit einiger Zeit zwischen seinen Volieren und Aquarien, seinen kleinen Gewächshäusern und Algen- und Pilzkulturen und war nebenbei bedacht, seine reichen Sammlungen zu vertiefen und zu erweitern. Manchen klugen Blick tat er so in das Leben, seine weitverzweigten Beziehungen, seine Wiederkehr und ewige Änderung – Einblicke und sich klärende Gedanken, die ihm bei einem eigentlichen und polemisierenden oder gar lehrenden fachwissenschaftlichen Studium ewig fern geblieben wären.
Er hatte zwei Söhne und eine Tochter erzogen, so gut wie er wußte, und die waren ihm verdorben: so mochte sein jüngstes Kind seine eigenen Wege gehen; es geht ja doch alles auf das hinaus, wo es hinausgehen muß. – Nun war sie auf ihren eigenen Wunsch hierher gekommen und durfte teilnehmen an seinen kleinen Forschungsreisen und geduldigem Ausharren über Drahtglocke und Mikroskop. Und sollte sie wieder hinaus wollen in die Puppenwelt, so mochte sie es tun; vielleicht würde sie eine kleine Sehnsucht mitnehmen nach dem ruhigen Land, in das er sie einen Blick hatte tun lassen.
Als Sechzehnjährige, blauäugig, schön und unbändig lüstern, bei der ersten Gelegenheit das Leben, wie sie es auffaßte, an sich zu reißen, fing sie ihr Leben an. Aber da ihre Ritter dumm oder roh waren, blieb es bei einem unruhvollen, naschenden, stets um das Ende bangenden Genießen. Und je älter sie wurde, desto weniger war sie befriedigt, desto heftiger, seltsamer und tiefer schien ihre Glut – desto näher rückte der Überdruß, desto greif-

barer, drohender stieg in der Ferne magenfarben der Ekel hoch.
Da war sie zu ihrem Vater geflüchtet, um mit Absicht sich in seine stille Beschaulichkeit hineinzuleben, das mit eigenen Augen zu sehen und mit eigenen Gedanken wieder zu denken, was sie wahllos über die Natur und ihre bizarren Erscheinungen zusammengelesen hatte. –
Sie stand am Fenster und blickte in die Nacht hinaus. In dem Efeu zirpten die Sperlinge im Traum, ein Igel schmatzte und prustete unten an den alten Turmmauern, die Wasserhühner im Schilf lockten und riefen sich, drüben zwischen den Weiden quäkte eine Gesellschaft Frösche ihren Hochzeitsgesang ruhelos, eintönig wie eine tollgewordene ins Wasser gefallene Spieluhr – und tief und schauerlich dumpf rülpste von den Teichufern her eine Rohrdommel ihr Ü rump – ü plump pump in die Nacht –; Stimmen gröhlten im Dorf, von dem Bier und Tanz waren die Burschen fortgegangen und machten nun ihren Wünschen Luft in derben Liebesliedern – einige Hunde bellten heulend und klagend zum steigenden Mond – der Nachtwächter ging mit seiner Flöte umher und blies die Stunden ab – ein – zwei – dreimal: Mitternacht.

Phallus impudicus

Auch Erich steckte mitten in seiner Komödie.
Aber in Ruhe und Ordnung soll es vor sich gehen. Nicht daß am Ende die Leute mir in ihrer furchtsamen Weise vor dem Unverstandenen den Verstand absprechen. –
Aber was liegt daran! mögen sie es tun und die Glocken läuten.
Meine Schulden betragen zweitausend Mark; hätte ich ihrer mehr, so wären sie das imaginäre Überbleibsel eines

Abendessens oder einer Liebesnacht – der Himmel bezahlt's.
Meine Raritäten und Siebensachen, die mir lieb sind, weil ich sie selbst gefunden und gepflegt habe, mitnehmen kann ich sie nicht – zerstören und zerkrümeln wir's. –
Dann setzte er sich hin, um den Abschiedsbrief zu schreiben. Und da sein Blick dabei auf einen Strauß roter Moschusmalven fiel, den er am Morgen gepflückt hatte, bemüßigte er sich zu der Bemerkung: Oh ihr! Ihr werdet faulen – anrühren wird man euch ja nicht – und den Infusorien ein Heim bieten; das Rad, das öde, rollende Rad!
Jetzt halt ich es auf – begann er zu schreiben – morgen falle ich ihm in die Speichen, oder es geht über mich hin: es ist eins wie das andere. Drüben in der Heide in dem Kiefernbusch, in seiner Talschüssel, bei dem Birkenmädchen und ihren Wacholdergreisen, da soll's geschehn.

> Blickt nicht auf mich so ernst, so kummervoll,
> Kopfschüttelt nicht: ach, unser Sohn war toll –

Nanu! – lachte er und riß das Blatt heraus. Packen wir es anders an:
Der Himmel blaut und die Sonne lacht, und wenn man Abschied nimmt, muß man hoffnungsvoll und fröhlich sein – –
Auch das ist nichts – murmelte er und zerriß das Blatt. Das Epitaph eines unglücklich Verliebten. Das Grabgebrumm eines durchgefallenen Kandidaten! Wie kann ich denn ihnen meine Gründe so darlegen, daß sie mein Handeln verstehn! Wie können sie meine Gründe auch nur für einen Augenblick von ihren Meinungen über sie trennen! Sie werden immer in ihren Augen zu den ihrigen, und sind dann als solche für sie unzureichend.
Dann warf er seine Petrefakten und Knochenrelikten in den Mühlenbach und ging den alten Weg und geriet mit

der Weile in ein dorniges Gestrüpp, in dem krochen ockerfarbige Schleim- und gallertige Zitterpilze auf modernden Hagedornästen, die an anderen Stellen zerfressen wurden von bläulich-weißem Schimmelbelag und dunkelhutigem Hallimasch; mächtige Konsolen des Zunderschwamms entquollen einer sturmgebrochenen Buche und grünblaue und orangegelbe Flechten siedelten und hingen allerorts; über allem aber thronte wüst und beschmutzt ein verlassenes Elsternnest, und unter ihm erfüllte alles eine fliegenumschwärmte Stinkmorchel mit ihrem beißend aasartigen Geruch –.

Wie sie um den triefenden Phallus gieren und schwärmen –! Ihr Leckerbissen, ihr Ideal – Impudicus! Impudice! impudice!

Habe ich Recht dazu? Habe ich keine Pflichten gegen andere? – Pflichten gegen andere sind egoistische Forderungen dieser andern an mich; nur in diesem Sinne haben sie mir „Gutes getan", und das habe ich nicht verlangt und nur in meiner Schwachheit angenommen, anstatt es zurückzuweisen. Und soll ich für diese Schwachheit jetzt büßen, indem ich in ihr verharre? –

Habe ich Grund dazu? Treibt mich nicht ein Selbstbetrug, eine Täuschung? Die könnte nur in der Art liegen, wie ich meine Welt anschaue. Und daß die Welt meine Vorstellung ist, und daß diese schöpferische Vorstellung ihr Eigenartiges verloren hat, das ist die Wahrheit. Und ebenso wahr ist es, daß ich ohne eine eigenartige, ganze Welt nicht lebenswürdig leben kann. –

Treibt mich auch keine Feigheit? Nicht das Gespenst: ewig mißmutig, nörgelnd und reuegequält, verarmt und hungernd, ein abschreckendes Exempel und leicht zu erreichendes Mitleidsobjekt: ein verbummelter Student? – In einem Jahr könnte mir der Bauchhaarige den Doktor und der Graf die schöne Erbin geben, und wollte ich es anders, so segelte ich noch in dieser Stunde mit ihr und ihrem Geld nach Indien.

Schreckt mich nicht das Bild, in einer verknäuelten und verkrümelten Zwitterwelt leben zu müssen, einer Welt, die nur zum Teil, und auch da nur meine verzerrte Schöpfung ist?
Nun, so etwas wie einen Grund muß ich doch haben, und diese drohende Zwitterwelt fliehen zu wollen, ist eben mein Grund.
Ist das Feigheit? Wo mir ein Zustand winkt, den Tausende mit dem Gefühl, in ihm das Glück zu packen, empfangen würden?
Aber das sind alles nur Gegenargumente für euch. Ich bin das Einzig Eine, das was fest steht, in dem alles lebt und ist; alle Welt, der Friedlos hier und die Abendwolke dort, der Sternennebel im Haupthaar der Berenike – ich bin Raum und Zeit, in mir ist alles verbunden durch Ursache und Wirkung, ich bin der große Namen- und Sprachenschmied, in mir ist Chaos und Dissonanz, Ordnung und Harmonie, ich bin das große Doppelgesetz, ich stelle die Rätsel und Geheimnisse und löse sie auf – ich bin das X, bin Gott, All, ich bin die Welt!
Und dann? – Dann ist die Welt tot. –
Wer sagt denn, daß zu meinem Ich nur dies Denken nach den drei Formen und vier Prinzipien gehört? Der Körper ist schon gedacht, existiert nur im Denken, jede Zelle ist nur ein ins Sichtbare, „Stoffliche" umgesetzter Gedanke, Wille – woher weiß ich, ob nicht das denkende Ich sich auch einen ätherischen, ich meine immateriellen, Körper geschaffen hat? Oder umgekehrt, ob nicht gerade dieses immaterielle Wesen das Ursprüngliche ist? Das sich ein Organ in meinem Denken geschaffen hat? So, daß mein jetziges Ich und seine Denkweisen seine Sinnesorgane bilden? Deren Mitteilungen es durch höhere, feinere und mehrere „Denkformen" verarbeitet? Wer sagt mir, daß das nicht so ist?
O, dann bin ich erst recht, erst dreifach recht Welt.

Und wenn dieses höhere, reinere Ich seiner Organe überdrüssig geworden ist – denn es ist nicht durch sie bedingt, es hat sie geschaffen – und frei wird – und dann beginnt zu fliegen – frei – zu – fliegen – – –
Sieh, es dämmert, und ich finde mich wieder hoch auf dem Moorrücken bei meinen Porsten und Goldweiden und es wetterleuchtet – o blitzt nur blau, gedankenschnell und fern: wer weiß, ob ich nicht morgen schon blitze wie ihr, schneller als ihr, schneller, höher – höher als der Gedanke –!
Da nach einer Weile das Wetterleuchten unter den Horizont sank, nahm er Abschied von dem moosüberwölbten See und ging heim.
Einen Abschiedsbrief schreibe ich nicht; sie mögen die peinliche Affäre, zumal wir beide den gleichen Weg gehen, einer unglücklichen Liebe aufs Kerbholz schneiden. Und wo und wie sie meinen Leib finden –: fragt die junge Imago nach ihrem Gewand, wenn sie es abstreift und in die Lüfte sich schwingt? In die Lüfte sich schwingt – !

Aus Briefen an seine spätere Frau Paula Sack geb. Harbeck (1912)

Schermbeck, den 13. XII. 1912

Gnädiges Fräulein,
[...] ich [...] schreibe wieder an einem Roman [späterer Titel: Ein Namenloser]. Diese Nebeltage und das Einsiedlerleben, das ich hier nolens volens führe, sind so recht dazu geeignet, von sonnigen Tagen und sonnigen Menschen zu schreiben. Denn etwas Sonnigeres soll es dieses Mal werden. Wollte nur erst der berühmte Glaube an sich selbst kommen! Der wartet trotz allem auf einen öffentlichen Ansporn; und kommt der nicht, man wirft zu leicht die Flinte ins Korn. Das Opus betitelt sich: „Mein Sommer 1912", und preßt und filtert mein Dienstjahr nach poetischem Gehalt aus [...]. Wie Sie sehen, wieder subjektiv. Das ist nun wohl einmal ein Fehler vieler „Erstlingsromane", würde aber bei mir wohl immer so bleiben, und ich müßte mich nach Schopenhauer mit dem Dichterrang II. Klasse begnügen. Ich mag aber, vielmehr, ich kann nicht anders schreiben und suche aus der Not eine Tugend zu machen. Den Vorteil hat übrigens die subjektive Art, daß sie die Diktion leidenschaftlicher macht [...].

23. XII. 1912

Meine neue Sache geht hübsch weiter, das Tempo besonders wird gut und soll noch schneller, viel schneller werden. Kennen Sie mein Ideal von Stil? Ein Tempo soll in ihm sein, daß man den sich jagenden Gedanken nicht folgen, die Worte nicht schnell genug lesen kann, dass man den Atem verliert. Wer das könnte! Von dem Sonnigen, von dem ich Ihnen damals schrieb, ist nicht viel übriggeblieben, es wird viel schwarzseherischer, aber das in einer lustigeren, nicht so pedantischen, ernsthaften Weise wie im „Verbummelten Studenten".
[...] ich taumele [...] zwischen dem allerdustersten Pessimismus und einem Supraoptimismus hin und her.

Aus dem Roman *Ein Namenloser* (1912-1913)

Ich will von meiner Liebe schreiben, von meinem Sommer neunzehnhundertundzwölf.
Aber sei stark mein Herz, und bleibe kühl mein Kopf, denn taucht sie zu sichtbar wieder auf vor euch mit ihrem Haargezottel von Gold und ihren Augen von Amethyst, dann flutet mein Blut, dann breiten sich meine Arme, und meine Augen brennen und bitten.

Claire hieß sie, war zwanzig Jahr, blauäugig und blond, und ihr Gesichtchen geschnitten zart wie das einer Gemme; ich aber trug damals den Rock der Füsiliere. Und der und mein braunes Gesicht hatten es ihr angetan und meine Keckheit, mit der ich sie am ersten Abend dem anderen nahm. Aber weswegen flackerte ihr Auge auf und brannte sogleich in meinem fest, so fest, daß mein bleicherer Freund mich bat: „Sieh sie doch nicht ewig an, du hast doch die andere!"
Die andere war ihre Schwester, die eine Freundin für diesen Abend hatte mitbringen müssen.
In der Nacht, die diesem in roter Trunkenheit endenden Abend folgte, stahl sie sich den ersten Kuß. Einige Tage später, es war um Ostern, fuhr ich in die Heimat.
Hier verdrängten meine Brüche und Heiden ihr Bild. Nur, daß ich meinen Bäumen, meinen mürrischen Wacholdern und vergrämten Moorbirken fremder in die Augen sah. War es so, weil ihr mächtiger Bruder, das Meer, mich wieder angesprochen und angebraust hatte, oder zürnten sie mir, weil ich wieder im Begriff stand, mit meiner Liebe zu den Menschen zu gehen? Ich trug so oft mein nacktes Herz ratlos zwischen beiden hin und her, und es war viel Zürnens, viel zärtlicher Eifersucht und viel Versöhnens zwischen uns.

Als ich zurückgekehrt war und zu unserem ersten Stelldichein ging, hatte ich das Gefühl, als schöbe hinter mir eine Riesenfaust. Nicht wie nachher, wo ein Seil zwischen uns gespannt schien, an dem wir uns näher, immer näher zueinander zogen, nein, zwei Fäuste wie Felsen stießen uns aufeinander zu, und aus den niedrigen Abendwolken lugte das Gesicht des Riesen. Doch als ich sie kommen sah mit ihrem wiegenden, losen und schlenkernden Gang – siehe! da zitterte schon das Seil, und beflügelten Schrittes, liefen wir nicht? eilten wir an ihm aufeinander zu. Bis ich, ich nehme gerade die grüßende Hand von der Mütze und strecke sie ihr entgegen, zurückgeschlagen werde. Wie eine feuchtwarme Luft prallt etwas gegen mich und preßt die Lunge – aber sie sieht mich an, da reiche ich ihr die Hand:
„Wie schön, daß du kommst. Wie gut von dir."
Stieß mich ihr fahl vom Lampenlicht beleuchtetes Gesicht zurück? Oder war es ihre unfreie Art der Begrüßung? Denn Claire kommt in einem kleinen Winkel auf einen zu und schlenkert mit den Armen und bewegt merkwürdig den hübschen Kopf und sieht, wenn sie die Hand reicht, an einem vorbei. Aber ich will ironisch sein und von meinem warnenden guten Geist reden – ist doch die ganze Wissenschaft Ironie! Der gute warnende Geist ist ebenso Forderung und Schöpfung des Gefühls als es Moleküle und Dynamiden sind. Was reden wir von ihnen, als ob wir an sie glaubten, und glauben doch nicht an sie?
Wir sagten ein paar dumme Worte; jedes erste Wort bei der Begrüßung ist dumm; wir wollen Zeit haben, uns in uns zu verkriechen und den Mitmenschen hervorzukehren. Dann nahm ich ihren Arm und ging mit ihr in ein Café. Hier setzten wir uns in eine verschwiegene Ecke, und Claire erzählte. Und erzählte mir, daß ich der zwölfte oder dreizehnte ihrer Liebhaber sei. Und nach diesem Geständnis legte sie ihre Hand auf mein Knie

und lehnte den Kopf an meine Schulter und schmeichelte:
„Weswegen sollte ich dir nicht die Wahrheit sagen?"
Hielt sie mich für unerfahren und war schon so klug, um zu wissen, daß Mädchen solcher Art auf Neulinge den berückendsten Eindruck machen? Oder kokettierte sie mit der frivolen Weise, mit der sie ihre „Verdorbenheit" eingestand? Oder hatte sie mich lieb und wollte gleich am Anfang reine Bahn zwischen uns schaffen? War es ein Gemisch von diesen dreien?
Aber sie bezauberte mich und sah, wie sie mich bezauberte, und schnitt nun auf, und ich ließ es an ähnlichen Beichten und Märchen nicht fehlen und hatte noch größeren Erfolg, denn ich erzählte raffinierter. So zeigten wir uns unsere schlechtesten Seiten, gaben uns interessanter, als wir waren, und verliebten uns immer mehr dabei.
Es war früh und noch nicht Mitternacht, als ich die entscheidende Frage tat und mich gleich über meine Plumpheit ärgerte. Es klang so roh in unsere Verliebtheit hinein, und sie antwortete nicht darauf, sie ging ja von selber mit.
Ich liebe diese schweigenden Heimwege mit ihrem kleinen Bangen und zagenden Erwarten. Es liegt ein so prickelndes Gefühl von etwas Verbotenem, von Sünde darin – und wen von uns reizt, isoliert und erhebt nicht das bloße Wort Sünde schon? Hätten wir mehrere solcher angenehmen Atavismen!
Aber als ich frühmorgens, da die Sonne noch schlief, zur Kaserne ging, war mir die kleine Blondine gerade nicht zuwider, ich wußte schon, daß ich nicht so leicht von ihr lassen konnte, aber es war mir, als sei ich etwas enttäuscht. Hatte ich sie noch interessanter erwartet? Doch nach den ersten Turn- und Exerzierstunden sah ich das Ereignis mit anderen Augen an; mein Körper war froh und leicht, ich war ihr dankbar und dachte mit ver-

liebtem Lächeln an sie. Und dieses verliebte Lächeln sah man in der Folgezeit öfter um meine Lippen. –

„Eßt, trinkt und liebt, denn alles andere
ist keinen Stüber wert",

sagt Sardanapal, und der Übersetzer schreibt: „Tut, was euer Magen euch befiehlt – ihr könnt nicht anders; folgt dem, zu dem die Gattung euch treibt – ihr könnt nicht anders; und dann trinkt, auf daß ihr beides vergeßt." Und alles andere, was keinen Stüber wert ist, das ist auch nur ein vergeistigter Betäubungstrank. Eßt, liebt und trinkt! Das ist eine Welt!
Doch sollte man sie zuweilen nicht fast lieben gerade wegen dieses Betäubungstrankes?
Der Frühling kam, und nach beendetem Dienst wandelte ich mit ihr in sein Kommen hinaus. Unter verliebtem Geplauder und verliebteren Dummheiten nahmen wir das Knospen und Drängen, das ahnungsvolle Klopfen und süße Pulsieren des neugeborenen Sommers in uns auf. Je blauer der Himmel und je duftiger der Hauch einer erwachenden Birke, um so verliebter sahen wir uns in die Augen, und je verliebter wir uns in die Augen sahen, um so blauer war der Himmel und um so duftiger der Hauch jener Birke. Wir waren der verkörperte Lenz wir dachten der Nacht, die vergangen, und sehnten uns nach der kommenden, aber unser Geplauder blieb harmlos wie das zweier verliebter Bachstelzen.

Aber sobald die Lampen brannten und wir unter Menschen waren, war es aus mit unserem Bachstelzenidyll. Dann war sie das kleine Dirnchen, frivol und pervers, und hinter ihren lüsternen Augen saß der – Haß. Das war wie eine schwüle Gewitterluft, wir hatten uns maßlos gern und wußten uns durch Gleichgültigkeit und Eifersucht nicht genug zu quälen; das war ein wollüstiges

Schweben zwischen Bissen und Tränen. Wir jammerten über das Leid, das wir uns antaten, aber dieses Leid tat uns so wohl. Und unsere Nächte wurden wild. Da verschwand das verliebte Lächeln, das man in den ersten Dienststunden auf meinen Lippen zu sehen gewohnt war, meine Augen glühten müde, und ich dachte den ganzen Tag mit unruhiger Sehnsucht an sie.
An einem Abend aber, da draußen ein warmer Regen fiel und der Wind von Süden kam, lag sie müde und gebrochen in ihrem Stuhl, ihre Stimme war weich und tief und es dünkte mir, als leuchte auch ihr Haar weniger keck. Sie sah mich mit ihren blausten Augen an, stützte langsam den Kopf in die Hand und fragte mich:
„Sag, Liebling, was hast du eigentlich an mir? Weswegen hast du mich so lieb?"
„Ich habe dich nicht lieb."
„Nein, laß das heute. Weswegen hast du mich so lieb?"
„Nun, ich habe dich eben lieb."
„Weswegen?"
„Weswegen hat man wohl ein Mädchen lieb?"
„Du hast doch schon mehrere liebgehabt. Weswegen gerade mich so sehr?"
„Ich habe dich nicht lieber als andere."
„Doch!, Doch! Du hast mich über alles in der Welt lieb."
„Ich habe dich lieb, weil du unglücklich bist."
„Liebling!"
„Weil du, versteh mich recht, gerade nicht unglücklicher, aber doch anders als die anderen Mädchen bist. Ich denke dann, wenn wir uns länger kennen, kann ich dir sagen, was mich quält, und es tut wohl, einem sein Herz ausschütten zu dürfen, von dem man weiß, daß er auch nicht immer auf Rosen lag. Vielleicht ist es das, vielleicht auch nicht. Das weiß man ja nie genau."
„Doch, das weiß man."
„Das weiß man nicht. Wenn ich dich nun lieb habe, weil du oft so widerspenstig bist und dann wieder alles tust,

was ich will? Aber vielleicht liebe ich dich nur, weil ich dich einem anderen weggenommen habe."
Aber sie schüttelte den Kopf und lächelte in sich hinein.
„Wir wollen nun gehen. Und nimm es mir nicht übel, wenn ich dich nicht ganz heimbegleite. Ich muß morgen früh zum Dienst."
„Du! Ich geh mit dir!"
Da lachte ich und küßte sie – und wir stolperten heim. –

Aus Briefen an seine spätere Frau Paula geb. Harbeck (1913)

München, den 14. V. 1913
3, Amalienstr. 38 I

Eine Frau soll nicht schreiben, auch Else Lasker-Schüler nicht. Tut sie es doch, dann soll sie nur wie Sappho schreiben: Ich aber schlafe allein! Ich fasse das Leben als einen unverschuldeten, sinnlosen Greuel auf, den wir nur überwinden können durch den Rausch, nicht durch die „Sehnsucht", Religion oder Kunst, die verschlimmern ihn nur.

*

München, den 10. VI. 1913

„Simplizissimus" und „Jugend" haben zurückgeschickt, nun habe ich drei Sonette und eine Prosasache: „Der Regenwurm", dem Mitherausgeber des „Ostens", Richard R., [...] geschickt. – Soeben ist wieder ein kleines Sonett fertig geworden, aber dieser Krimskrams ist nichts! [...] So werde ich im Winter nach Schwabing überwandern und zusehen, ob ich Talent zum Bohemien habe.

*

München, 15. Juni 1913

Nun beginnen meine Bekenntnisse: ich rolle durch die Straßen wie eine leere Blechdose, die – der Wind ist zu schwach, und es regnet draußen – ein Junge durch die Straßen treibt.

Aus dem Gedichtband *Die drei Reiter* (1913-1914)

> *Nicht daß du mich liebst und mich verstehst –*
> *daß du wie Kamöens Negerknabe*
> *abends für mich betteln gehst,*
> *sei zum dauernden Gedächtnis*
> *ihnen hinters Ohr gerieben*
> *und als erster Reim hierher geschrieben.*

Das Hopsassa

Was du nur willst! Dieweil du reimen kannst
und in beliebtem Hopsassa
erzählst, was dir zu Leids geschah,
schmähst du auf jeden braven Wanst,
der reimlos seine Wege geht
und von der Narrheit nichts versteht,
die dich, indes er ißt und trinkt,
in schmerzliche Ekstase bringt
und dich ekstatisch hungern läßt.
Er soll dir deine Narrenqualen
etwa mit seinem Gelde zahlen?
Dir ist dein Narrsein ja ein Fest!
So zahle deine Feste selber
und neide nicht voll Prahlerei
und widriger Phantasterei
ihm seine wohlgeratnen Kälber,
du elendiger Hopsassa
und Tschingterassa Bum!

Frühling

Nun blühen wieder goldig schwer die Weiden
in meinem märzensonndurchglühten Moor,
als ob ich in das windzerschlißne Rohr
geworfen einen Knäuel gelber Seiden.

Als ob ich meines Winters süße Leiden
und seiner Wünsche hadernd lauten Chor
gepreßt in diesen feinen Seidenflor,
um so von ihnen freundlich mich zu scheiden.

Nun liege ich mit leidbefreiter Seele
und schaue ihnen nach aus Rohr und Ried,
versenkt in sinnende Melancholie,

da rauscht's im Schilf, und eh' ich fort mich stehle,
da tanzt sie zu mir, die mich Winters mied,
und – hebt kokett ihr Röckchen bis zum Knie.

Im Englischen Garten

Als ich aus meiner Stammtaberne
mich gestern fortgemacht,
hing in die spöttisch stille Gartennacht
der Mond herab gleich einer leuchtenden Papierlaterne.

Mit einem Sichelschwert, krumm wie die Hülse der
                                                Luzerne,
hat ungehört die Nacht
unter dem Rasen einen Schnitt gemacht
und läßt die Erde stürzen in die sammetschwarze Ferne;

und singend hält sie in den weichen Händen
dies Rund von wulstigen Schattenwänden,
in dem ich wie von einer tönereichen Schale

getragen viele tausend tausend Male
an Leonor gedacht,
in dieser braunen spöttisch stillen Gartennacht.

Das Moor

Oh du Geliebte, wenn ich je gedächte,
dich einem Erdendinge zu vergleichen,
so wählte ich den Berg unzähliger Leichen,
so wählte ich das Moor und seine Nächte.

Du schmutziger Knäuel bodenloser Schächte,
verborgen unter sammetseidenweichen
und tief türkisblaun Nymphäenteichen –
daß dich dein eigener Gestank umbrächte!

Denn arg hast du mein Tölpelherz verführt
mit deiner glatten Haut Melancholie
und deinem gramdurchtränkten Liebesschwure

und mitternachts mir einen Trank gerührt
aus Kot, Gestank und Teufelspoesie –
vergib mir! – oh vergib mir, große Hure!

Der Schuß

Drei wilde Nächte hab ich durchgebracht.
Nun häng ich zitternd in der hohlen Stadt,
die alle Lichter schon verloren hat
vor Regengraus und Sturm – weh! welche Nacht!

All meine Jahre sind hell aufgewacht
und haben mir heißhungrig, nimmersatt
mein wüstes Trinkerleben Blatt für Blatt
auf einem grellen Filmband vorgelacht.

Sie winken mir und grinsen: war's nicht so?
umfluten mich und fragen: weißt du noch?
und streicheln mich und flüstern: bist du's nicht?

Da hallt ein Schuß, laut, scharf, von irgendwo –
der reißt in meinen Film ein schwarzes Loch,
daß er entsetzt aufkreischt und – stumm zerbricht.

Der Tote

Da, hinten, in der Heide, wo der Westwind stößt,
hat seine Stunde geschlagen;
da hat sich der Narre die Adern gelöst
und sich zu Grabe getragen.

Bald kreisten die Raben rabenschwarz und dicht
über dem armen Kadaver,
auf seine hungernden Därme erpicht
hielten sie laut ihr krächzend Palaver.

Dann nagte der Fuchs in windiger Nacht
seine steifgefrorenen Glieder,
und als der p. p. Lenz erwacht,
tanzten die Schmeißen nieder.

Im Herbste aber glänzten blank
seine Knochen wie Kreide und Seide,
und klagend stieß seinen Regengesang
der Westwind über die Heide.

Vorfrühling

Die Sonne, die den schwülen Frühlingstag
tückisch in ihren Wolken lag,
zog blitzend ihren Degen
und stieß in jäher Wut
ihn in des Himmels Purpurblut –
und ohne Ende strömt der Regen!

Der – spült mich fort; und meine Seele fließt
und fließt und schwimmt, ein träges Boot,
das überladen gleich zur Tiefe schießt,
in Nacht und Tod.

All meine Jahre lastete ich ein
und alles, was ich von mir selber litt,
mein Hoffen, mein Verachten gab ich mit
und meinen Hohn noch obendrein.

Sink! sink, mein Kahn!
Denn Tag ist Tag und Nacht ist Nacht
und was dir Tag und Nacht gebracht –:
Sink! sink, mein Kahn!

Julitag

Heut aber lief der Tag sich wild!
Was hat er nur gejagt, daß ihm
gleich einem Hunde, dem die Zunge rot
und lechzend aus dem Halse hängt,
die Blätter welk und dürstend an den Bäumen
                                      schlottern?

Nun wirft er sich aufs Land
und blickt mit seinen wilden Augen
fiebernd in die stählern blaue Welt,
in die das schöne Beutestück entfloh.

Er schläft – doch morgen,
morgen wird er wieder weiter jagen
ruhlos vorbei, ruhlos zurück,
denn nur in seinem Fieber, seinem Flankenschlagen,
in seinem Lechzen liegt sein Glück.

Der Föhn

Der Atem stockt; denn schwer und trunken schmiegt
sich heut der Tag der Erde an,
und eines dummen Vogels Lied fliegt,
fliegt, ein Ding, das noch nicht fliegen kann
und immer wieder gleich zur Erde fällt,
ängstlich durch die wüstenwarme Welt

und regt mich auf! Wie sich der Tag
mit unerträglich weicher Schwere
drängt in dieses jungen Vogels Lied!
Und himmelan mit Hast und Flügelschlag
flattert in die kühle braune Leere!
Und ihn ewige Ermattung mit
tausend Armen immer wieder niederzieht!

Doch auf den Bergen lauert schon der Föhn
und wird noch über Nacht aus seinen Höhn
und Wolkenhallen
brausend in die Ebne fallen!

Herbst

Die Schwalben sammeln lärmend ihre Züge
und stieben von den Telegraphendrähten,
als ob der Herbst mit Daunenkissen schlüge
und wirbelnd aus den aufgeplatzten Nähten
die weiße Wolle in den Himmel würfe.

Dann fliegen sie in ferne Palmenländer – –
und eine Krankheit wird die Welt befallen,
bis über ihre purpurnen Gewänder
die hohlen Winde aufeinander prallen
und lange Nächte durch unsinnig wüten.

Und hangend wie in ungeheuren Schächten,
wirst du mit weiten Augen lauschend liegen
in diesen lauten windewilden Nächten;
kein Arm wird sich um deine Schulter schmiegen,
und dir wird sein, als ob dein Herz zerfiele.

Der Schriftsteller

Er schrieb, was ihm das müde Herz zerriß
und was zu tragen er nicht mächtig war;
er schrieb aus Notdurft, schrieb aus bittrer Not
und wälzte in den einsam kalten Nächten
von seiner pflanzenzarten Seele fort,
was Tags er allzu hellen Augs gesehn
und mitleidlos ihr aufgebürdet hatte.
Er wußte dies; und war sich wohl bewußt,
daß nie ein Gott als Sprachrohr ihn gebraucht,
daß nie der Grund des Seins aus ihm gesprochen,
daß nie er „Schöpfer neuer Werte" war,
daß nie er Priester und Prophet gewesen –
und wälzte nur von seiner müden Seele,
was Tags er allzu hellen Augs gesehen
und mitleidlos ihr aufgebürdet hatte.
Er „schrieb mit Blut" und ungekünstelter
Beredsamkeit und einer Leidenschaft,
die jagend ihm das Wort vom Munde nahm
und ihn mit wuchtigen Geißeln weiterpeitschte –
und ward verlacht, der Unreifheit geziehn
und durfte seine Jugend hungern lassen. –
Da ward er objektiv, ein Formalist,
ein jedes Wort abwägender Stilist,
der mit ironisch leichtem Unterton,
mit Stoffbeherrschung, nun wir wissen schon,
ein Allerwelttagsthema strich heraus;
er drechselte und feilte, ziselierte
und schliff und unterstrich und pointierte
und ward mit einem Mal d a s große Haus,
der reife Könner – – oh, ihr werten Herrn,
ein Hundsfott war er, einst ein Dichter.

Das Genie

Vom Stempel der Alltäglichkeit
blieb allerdinge ich verschont,
und still auf meiner Stirne thront
ein Schimmer der Unsterblichkeit.

Doch meiner Augen kühler Geist
und meiner Lippen Ironie
und heitere Melancholie
macht mich für immerdar verwaist:

In schweigender Verbissenheit
kämpf ich mit eurer Stumpfheit Graus
allstündlich meine Schlachten aus –
oh! schmerzdurchwühlte Einsamkeit! –

In Stolz? In Geist? In Einsamkeit?
du brüllst, du ruhmesgeiler Tor,
der Menschheit ruhelos ins Ohr
nur deine Affeneitelkeit!

Politik

Mitleid? Laßt sie zu Grunde gehn,
die uns mit Dunst und widrigem Gestöhn
verdrecken wollen! Erst ihr kalter Haß
und ihrer Rache freie Wut,

die wie ein wilder Kontrabaß
durch unsre Einsamkeiten brüllt,
gibt ein erträglich Lebensbild,
und nicht der Bettelpfennig in den Lumpenhut.

Literaten

Wie sich das spreizt und plusternd bläht,
wie sich das auf den Hacken dreht,
wie sich das neigt und artig schwänzelt
und zierlich umeinander tänzelt,
wie sich das streichelt und hofiert
und seine Stümpersätzchen schmiert,
als seien sie das Salz der Erden,
kann nicht genug verspottet werden;
und wenn sich das dann noch verbündet
und Dichterschutzverbände gründet –
das kann man nicht genug verachten!

Quark

Man frißt sich so durch seine Jahre
und wird mit jedem Jahre älter
und ist am Ende ohne Haare
doch immer noch ein Hinterhälter.

Man ißt und trinkt und man poussiert,
zeugt unfreiwillig ein paar Kinder,
indes die Jahre exaltiert
fortsausen Tag für Tag geschwinder.

Man packt sich aus, man streckt sich hin
und macht sich reuevoll ans Sterben,
um so als letzten Reingewinn
sich einen Nachruf zu erwerben.

Bagatelle

In eine neue Bude zog ich ein!
Ein schiefer Tisch, ein krummer Stuhl,
eines wackligen Bettes Unzuchtspfuhl –
in diese Bude zog ich ein.

Garküchen unter mir und Kegelbahnen,
mir gegenüber 'ne verdreckte Wand
und über mir ein kleines blaues Band
mit feinen weißen Wolkenfahnen.

Was soll ich hier? Was will, was kann ich hier?
Doch so war's immer schon:
Armut und Dreck und wie zum Hohn
leuchtet ein Fetzen Himmel mir.

Die drei Reiter

Wir sind die Welt: Not, Brot und Brunst!
In deiner Hüllen Zauberkunst:
in deiner Sinnen Farbenglut,
in deiner Sprachen Märchengut
herrscht herrisch der Instinkte Wut!
Versteck dich nicht – wir kennen dich:
aus jedem Finger spricht Verrat,
aus deiner erdenfernsten Tat
schreit laut dein notgepeitschtes Ich!
Heb dich nicht hoch – wir fliegen mit,
aus deines Fluges höchstem Glück
fällst du uns rettungslos zurück:
in Kot nach deinem Himmelsritt!

Das Leben

I

Ich rief dich nicht, du zerrtest mich hervor
aus meines Nichtseins tiefer Seligkeit
in diese qualgedehnte Spanne Zeit
und hämmertest mir stündlich dann ins Ohr:

„Das Sein, in das ich dich heraufbeschwor,
sieh, es ist nichts; ein Knäul von Widerstreit
endend im Tod; und Unerkennbarkeit
ist deiner Weisheit Schluß: zeuch fort, du Tor!"

Ich rief dich nicht, doch gabst du mir die Kraft
zum Fluch, so fluch ich dir: vermaledeit
in Grund sei jener lustverbrämte Saft

und süße Höllenschaum, der, todgefeit,
des Lebens Ringe ewig weiter trägt
und blutige Ketten um die Erde schlägt,

II

verflucht – – doch fluch ihm nicht: es flucht durch dich;
und lieb es nicht: das sich in dir nur wieder
liebt wie in jeder Rose, jedem Flieder,
ob auch ein Wurm sich in die Blüte schlich.

Denn was du tust, das tut das Leben sich,
es singt in dir eins seiner bunten Lieder,
wenn es durch tausend Skalen auf und nieder
streicht seinen ungeheuren Geigenstrich.

Drum fluch ihm nicht und laß es nur geschehn,
daß jeder neue Morgen dich erneut,
und laß dich treiben, wie die Wolken wehn,

in wolkenhoher Unbekümmertheit.
Flieg! Flieg! der Gipfel ist schon festgestellt,
der deinen Flug zerbricht und dich zerschellt.

Der Tag

Und wiederum entquoll ein Tag
dem alten qualzerrißnen Schoß der Nacht –
und hat sich gleich daran gemacht
mit Hottehü! und Peitschenschlag

durch alle Straßen zu rumoren,
bis sich das Uhrwerk wieder dreht
und alles seine Wege geht;
dann räkelt er sich traumverloren

und wälzt sich ohne Ziel und Sinn
und faul und grau, ganz überflüssig
und seiner selber überdrüssig
über die feuchten Dächer hin;

und sehnt sich nach der Nacht zurück,
in der er weich und brunnentief
sein Nichtsein selig weiterschlief,
und sehnt sich nach der Nacht zurück

den ganzen Tag, den langen Tag
sehnt er sich nach der Nacht zurück,
nach ihrem daunenweichen Glück
und unhörbaren Stundenschlag.

Die Drossel

Wie sich das Pack zusammenballt!
Indes die Trambahn schrillt und gellt,
die Musik lärmt, die Peitsche knallt,
und wie ein Hund das Auto bellt,

hört keiner sie, die unentwegt
von einem Dach ihr Flötenlied
volltönend in die Lüfte trägt. –
Wie sich das schwitzend, brüllend müht,

wie sich das stier und stumpf vermischt,
das strömt wie ein verschmutzter Bach,
Abwasserhub und Gassengischt,
indes von jenem Giebeldach

hoch über Kehricht, Staub und Wust
des kleinen Glücks Melancholie
harmlos und selig unbewußt
ausströmt aus diesem kleinen Vieh,

das heiß und frech und elegant
sein schwarzes Konterfei poussiert –
wie ich dich hasse, feiner Fant,
der nichts verlor, der nichts verliert,

der nur ein Ding ist, das man spielt,
das nur der Frühling musiziert,
das sich nicht kennt, das sich nicht fühlt,
das nichts verlor und nichts verliert.

Die Nacht

Des Mondes silberweiße Serpentine
sticht wie ein Riesenspeer
weit in den See hinaus,
um den mit finsterer Heroenmiene
der Berge weißköpfiges Heer
sich aufgetürmt – das ist ihr Haus,
in dem sie immer wieder Ruhe hält,
wenn flüchtig sie durch alle Welt
Mohn und Schlummer streute;
nun ruht sie zwischen den Bergen und über dem See,
bis über der Gipfel vereiste Höh
des Morgens bellende Strahlenmeute
wie eine feurige Kugel Gold
klingend in die Täler rollt
und die Verschlafene wolkig zerfetzt
tief in die Berge und Klüfte hetzt.

Die reine Seele

Die reine Seele, dieses tote Gold,
das blinkend in der weiten Wüste liegt
und das sein Herr verehrungsvoll umkriecht,
indes sein leerer Magen knurrt und grollt,

daß er den Klumpen nicht zu Markte bringt
und feilschend ihn zu Wein und Datteln macht
und ihn in einer roten Haremsnacht
verpraßt – nun liegt sie da und gleißt und blinkt

voll Arroganz und heiliger Begier,
die reine Seele – in den Dreck mit ihr!

Der Prolet

Was treibt dich, dieses Leben fortzufahren,
Prolet in deinem schmierigen Gewand,
nachdem der Wollust jugendlicher Brand
erlosch nach allzu schnell verrauschten Jahren?

Hohläugig, hager, mit ergrauten Haaren,
so stehst du vor dir selber angespannt
und schleppst dich in ein sonnenloses Land,
um dich zuletzt dem Ekel zu verpaaren

und in der nächsten Pfütze zu verenden.
O könntest du den Blick noch einmal heben,
o könnt' ich dir mit meinen weißen Händen

der Rache Fackelbrände übergeben,
daß sie in einem seligen Verschwenden
verzehrten uns und dein zertretnes Leben!

Der Morgen

Es kräht der Hahn!
Da nimmt die Maid sich noch einmal
den Liebsten kräftig zwischen ihre Beine,
da schreibt die allerletzte Zahl
der Geizhals müde unter seine Scheine
und einer ganzen Nacht gehäufte Qual
fällt mich zum letzten Male würgend an –
Gottlob! da kräht der Hahn!

Die Klage

Durch diese unerträglich flachen Tage,
die ihren endlos grauen Frühlingsregen
wie einen Sarg um meine Seele legen,
zog eines Traumes wundersame Frage
ein feines Band; schlägst du dies Band, so prägen
sie zitternd einen Klang von tiefer Klage. –
Nun küß mich wieder! sprach der Traum, da trat
ich in den Streifen, dessen fahler Glanz
und strähniges Gewinde meinen Pfad
schon lang verwirrt und nun im Taumeltanz
der Abendnebel, deren weiße Saat
von allen Wiesen kräuselnd stieg, mich ganz
verzaubert weiter führte; und ich ging
ihm nach und lief und stolperte und sprang
ihm nach durch Tau und Ried, bis wie ein Ring
und gläsern dünner Unkenglockenklang
er schwebend über meinem Haupte hing
und diese Klage zu mir nieder sang:
„Als meine Liebe trunken überquoll,
als ich besessen war und meine Brüste
nichts andres schienen als zwei wollusttoll
lechzende Kissen deiner wilden Lüste,
und als mein Leib von deiner Liebe schwoll
und ich schon wußte, daß ich sterben müßte,
bat ich dich wohl: sag mir ein armes Mal,
daß du mich liebst. – Du sagtest es mir nicht;
ich starb und noch in meiner letzten Qual
bat ich dich – doch du sagtest es mir nicht;
ich war dir lieb, mehr als der Sonne Strahl
dir lieb – doch warum sagtest du es nicht?
Nun trägst du deine einsam kalten Tage
durch eine Welt, die nichts von dir versteht,
und die – – –" und wie ein Blitz, mit einem Schlage
verschwand mir Bild und Traum; doch mich umfleht

noch immerfort der Stimme süße Klage
wie eines Toten heimliches Gebet,
das lockend aus dem Nichts herüberweht.

Umsonst

Es hilft dir nichts, du bist dir ewig gleich,
und wenn du auch in jede Pfütze rennst
und dich mit jedem Lumpen Bruder nennst,
es hilft dir nichts, du bist doch rein und reich

und bleibst in deiner Pöbel-Trunkenheit,
in deinem schmerzlichen Dich selbst Verachten
und deinem aberwitzigen Narrentrachten
ein goldnes Rad im Spiele der Notwendigkeit.

Der Schrei

Aus dieser steingewordnen Not,
aus dieser Wut nach Brunst und Brot,

aus dieser lauten Totenstadt,
die sich mir aufgelagert hat

härter als Erz, schwerer als Blei,
steigt meine Sehnsucht wie ein Schrei

quellend empor nach Meeren und Weiten
und ungeheuren Einsamkeiten,

aus all dem Staub und Schmutz und Gewimmel
nach einem grenzenlosen Himmel.

Der Rubin

Wie Heidehonig aus den Waben
herbstsüß in schweren Tropfen fließt,
erwuchs euch Buch um Buch – ihr ließt
sie Bücher sein; und tief vergraben

vom bunten Berg der Konfitüren
verschliefen sie zu dritt die Zeit
und wurden alt samt ihrem Leid
und ihren faustischen Allüren.

Im Traum nur dehnten sie die Glieder,
im tiefen Traum nur schlangen sie
um ihrer Welt Melancholie
den Zauber ihrer stolzen Lieder.

Jetzt werf ich dich, du grell Gebinde,
du narrenroter, geiler Zwerg,
hohnlachend in den bunten Berg –
schlag deine Bresche und verschwinde!

Die Flamme

Auch ich weiß, woher ich stamme;
schwälend trüb gleich einer Flamme,

die das Moor zum Schwälen brachte –
dieses Moor, das ich verachte,

Not und Plage heißt dies Moor –
glimm ich in die Nacht empor;

diese Nacht, die sturmdurchwütet,
in der Graun und Ekel brütet,

die mich giftig schweigend tötet,
eh der Tag sich mir gerötet.

Nach dem Regen

Zwischen des Gartens stierköpfigen Schatten,
aus denen des Tages letzte Lichter
wie blutrot müde Augen funkeln,
wandeln wir um und sprechen leise
von unsren geknickten Plänen; von den
Bäumen fallen die Tropfen, und zuweilen
stürzen, dort wo die Wege sich biegen,
des Gartens Schatten wie wollige Stiere
jählings auf unser Herz –
dann klettert mit seinen hageren Armen
der Mond an den sparrigen Zweigen hoch
und will mit seinen zitternden Händen,
seiner messingnen Greisenglatze
und süffisanten Magisterfratze
unser Leid in ein ironisches Lächeln umwenden;
aber ein Wind schüttelt die Wipfel
und durchnäßt und schweigend gehen wir heim.

Aus dem Romanfragment *Paralyse* (1912-1914)

Eins, zwei, drei – – nun schlägt es zwölf! Und mein Zimmer sinkt, sinkt durch die Stockwerke, die Schottermassen – auf den Schotterflächen, den Kiesen, die die Schmelzwasser der Gletscher liegen ließen, hat sich der steinerne Krake hingelegt und läßt seinen zornigen Atem brausen - und sinkt durch die Schottermassen und fällt wuchtend hinab in das Gestein der Erde. Durch einen Schacht, durch den zehn Stürme auf und nieder brausen, wuchtet es hinab, bis es den Mittelpunkt erreicht hat und still steht; und um mich, hoch über mir tief unter mir, dreht sich die Welt – ruhelos. Ich sehe sie nie wieder, ich muß auf ewig hier begraben bleiben, denn wie käme der Mittelpunkt zur Peripherie? Es müßte denn die Kugel zerbrechen und das Gold des Chaos niederfluten.
Geradewegs aus dem Herz des Kraken fiel ich ja herab in diese Tiefe. Woher kam ich noch? Von den Moosen und Bachtälern und den weißen Staubstraßenschlangen, von den Sonnenkohlenbecken an blauen Seilen über mir fiel ich mitten durch das Herz des Kraken hinab in diese Tiefe. Wahrlich, ein ungeheurer Schacht, durch den ich fiel! Aber ich kann noch das schlagende Herz sehn, um das sich der Nebel legt wie eine dünne glühende Haut – die brüllende Stadt! Aber ich schiebe einen Deckel davor, wie man in ein Ofenrohr einen Deckel schiebt, und so bin ich allein.
Der Stein liegt tief im Schlaf, oben, unten, und auch die Stille schreit nicht mehr. Der Tabakrauch aber spielt zaghaft kapriziös über den feuchten schwarzen Strichen, die irgend ein Etwas mich malen heißt, bedachtsam und steif; es ist gewiß der Stein, der seine Träume endlos spinnt und mich sie ewig krummen Rückens malen heißt; von allen Seiten, oben, unten, durch alle Poren,

Augen, Ohren dringen sie in mich und führen meine müde willenlose Hand – ich bin überhaupt Stein, ich bin das Gehirn des Steins, und was die Leute oben Welt und Leben nennen, das sind nur meine Träume, meine Träume, deren Leib der Stein der Erde ist – ich bin gewiß der Sinn und sicherlich das Herz der Welt. Wie simpel doch die Lösung ist, die einst unmöglich schien –: der Traum des Steins, und der Stein des Traums; das Signum der Welt ist die umgefallene 8 und die Unendlichkeit. Nun muß ich wach bleiben, damit der Stein schlafen und träumen kann, denn das Gehirn schläft nie, es malt ewig die 8 und schläft nicht. Bleibe wach, mein Herz, bis der Stein erwacht und sich zu regen beginnt und seine Träume zu Wirklichkeiten werden und er nicht mehr nur die 8 träumt. Lange schlief er schon und es ist ein heiliges Jahr – wer weiß, er erwacht! Dann wird er seine Glieder recken und die Welt wird sich öffnen, wie man eine Feige öffnet – oh bleibe wach, mein Herz!

Wie sie morgen dein Zimmer suchen werden, deine Wirtin und ihr Journalist! Aber ein heller Raum wird sein und ein lustiges Nichts, wo dein zärtlich Klausnerstüblein war und du am Schreibtische deine langen Tage hocktest, Tabakwolken über Schlot und Kirchturm blasend, müde, kapriziöse Wolken – wie liebe ich euch! Ach, vom Flur aus werden sie gleich mitten ins Leere treten und schwindelnd auf die Straße schauen, wo die Jungen Kreisel schlagen und wo die Alten mit Fingern nach oben zeigen. Wie sollten sie auch denken können, daß ich hier mitten in der Erde säße und meinen Beruf hier hätte!

Der Druck – er dröhnt mir im Ohr! Aber wie könnte er dazu kommen, mich eines Tages zu zerdrücken, wie man eine Mücke zerquetscht oder ein Rosenblatt zerreibt, wie sollte er wohl! Wo er nur Traum ist und auch die tausendtausend Tonnen Steins nur Traum sind und wo

der Tag kommen wird, an dem die Welt sich auftut wie man eine Feige öffnet!
Darf ich denn daran denken, daß ich eingekerkert und hier mitten in der Erde gefangen bin und daß so viele Erden wie Menschen sind und in jeder dieser Steinzellen sitzt ein einzel-einsamer Mensch und spinnt am wurmstichigen Rocken seine flächsernen Tage. Aber brüllte ich auch auf wie ein Stier, es hörte mich keiner, es hört uns keiner.
Glaubt nur nicht, daß ich toll bin, wähnt ja nicht, daß ich lebendig begraben bin, oh! Traumaufzeichner ist mein Titel, und die Träume des Steins hören zu können, ist mein Beruf; ich träume sie und ich träume mich selber zunichte. Ich habe nichts anderes, womit ich mich zunichte richten könnte, wo ich mich doch einmal zunichte richten muß! –
Nun ist es oben Herbst geworden und über die weißen Staubstraßenschlangen bläst ein harter Wind; über das Haar eines Eichenbusches kommt er klirrend gesprungen und fällt klagend und blätterraschelnd über den Hügel hinab, auf dessen Stoppeln und frostgebrochenem Gras ich stehe. Die Sonne aber ist hinter graue Teppichwolken gegangen und zwei Herbstzeitlosen lassen in einer kleinen Senke die Köpfe hangen, während die dritte lang am Boden liegt eine arme Leiche. Wie ist die Welt wüst, sie rauft sich klagend ihr Haar, aber es wird nimmer anders; an den Drähten pfeift der Sturm und in öden Wald taumelt die Nacht und hängt sich schlotternd um die schwarzen Zweige. Wie oft ging ich schwer und bang durch diesen Wald, aber es gibt keine andere Welt, oh! es gibt keine andere Welt und diese wird wohl kaum sich auftun wie man eine goldene Feige öffnet. Sieh, auf dem anderen Hügel liegt der Wald, wenn ich von diesem in das Tal steige und dann gen Westen wieder hügelan gehe. Dieser arme Wald, wie er friert und zitternd seine kalten Zweige aneinander reibt! Nun steigt der Nebel

hoch, nun schleicht er tückisch heimlich durch ihn eine tödliche Patrouillenschar und frißt sein letztes Laub. Daran denkt sie, an den Nebel, durch den die letzten Blätter taumeln, und schmiegt sich in die Kissen und macht kluge Augen – aber er kommt nie wieder, mitten in der Erde sitzt er und spinnt seine farblosen Tage. – –
Vor drei, vier Jahren fing es an, mit Gold und purpurnen Schönheiten und ihrem immanenten Zynismus, durch den sie nur noch trauriger und schöner werden, mit Gold und Schönheit und traurigem Zynismus, mit denen alles Verfluchte sich einschmeichelt, fing es an:
Lange Wochen hatte oben an der Küste die Hitze gelegen, die Luft war rein gewesen und das Barometer stand hoch und die Winde, die auf der See hinein in die Luftaufwirbelung wehten, kamen vorwiegend aus Osten und waren frisch und bewegt; Tag für Tag war die Sonne als rote Feuerkugel in das Meer gesunken und von keiner glummenden Nebelbank hinabgetragen und keiner kitschigen Waberlohe zu Grabe gebracht, rein und einsam fiel sie zu Tode und machte die Menschen seltsam sehnsüchtig und fiebernd erregt.
Aber wenn sie sich schon anschickte, senkrecht durch den ehern hellen Himmel zu fallen, tauchte unter dem Horizont ein glatter Streifen auf, glänzend silbergrau; manche Tage war er erschienen, dieser glatte Silberstreifen, auf den man immer wieder mit Fingern zeigte und von dem die Fischer erzählen mußten, er sei zu sehen, wenn nach langen Ostwinden die Hitze auf dem Meere liege. Der Horizont selber aber oberhalb dieses Streifens war durch ihn hinausgetragen und aufgehöht und war wie eine dünne dunkle Wellenlinie.
Auf diesem Streifen waren allabendlich die vorüberfahrenden Schiffe mit ihren Spiegelbildern zu sehen, mit ihren Spiegelbildern, die dunkelgrau wie gesättigte Lichtbilder kopfüber über ihnen schwebten; sie hingen aber nicht hoch in der Luft wie sonst die Spiegelbilder am

Meer und in der Wüste und die Bildungen der Fata Morgana, sondern waren unterhalb der dünnen dunklen und leise wogenden Horizontlinie. Dann verschmolzen und kreuzten und verhaspelten sich zuweilen die Masten und Raen der Schiffe mit denen ihres Gegenbildes, oder die Rauchsäulen der Dampfer vereinigten sich zu einem wunderlichen Gebilde, ja es erschienen in dem glatten Streifen überraschend und aufregend wie aus dem Nichts zuerst nur derart rätselhafte Rauchfiguren, graue Wimpel und melancholische Kinderfähnchen, und erst später tauchten erlösend die zugehörigen Schiffe auf. Und nochmals, alle diese Fahrzeuge schienen auf dem unteren Rande des glatten Silberstreifens hinzugleiten, während ihre Spiegelbilder von der dünnen dunklen Horizontlinie über ihnen herabbaumelten und kopfüber weiter schwammen. Und solche Spiegelungen sind, wie der dicke Bademeister immer wieder sagen mußte, häufig, wenn nach anhaltenden Ostwinden die Hitze auf dem Meere liegt.

An dem Tage aber, der mit weit durch die Jahre reichenden Beilen mich hierhin mitten in die Erde geschlagen hat, war der Himmel wieder unbewölkt, fünf weiße Wolkenfäden und eine dumme Gänsefeder taumeln verloren über ihn, sonst ist er unbewölkt und so strahlend einsam, daß man weinen möchte, und wird nun, so rein ist seine Atmosphäre, über dem blauen Meer rosenrot. Und die Sonne in ihm ist feurig ernst und drohend groß, und je tiefer sie fällt und je ovaler sie wird, desto eindringlicher wird die dunkle *Wellenlinie des Horizonts,* und wie sie die leise wogende endlich berührt hat, ist sie eine saffrangelbe Ellipse geworden. Nun sinkt sie schnell, jetzt nur noch ein schmales langgestrecktes Segment, dann verschwindet auch dieses und hinterläßt nichts denn eine *lange leuchtend goldne Linie - das* sind die noch erleuchteten Wogen des fernen Meeres.

Noch ist der Silberstreifen glatt und vornehm silbergrau, wie er war, da die vorüberfahrenden Schiffe mit ihren

luftigen Konterfeien Raen und Rauchwolken verhedderten, oder da die Sonne noch wie ein zusammengepreßter Ball leuchtend süßer Saffranfransen über ihm hing; auch das Meer vor ihm wogt unbekümmert fort, tiefblau und traurig.
Da steigt an seinem unteren Rande eine zweite Sonne hoch, es ist, als ginge die müde wieder auf: ein rötlich gelbes ängstliches Segment, ein strahlender Halbkreis, eine goldene – aufbrechende Scheibe, aus der mit einem Male züngelnde Flammen gegen die *leuchtend goldne Linie* des Horizontes schlagen. In immer strahlenderem Glanze greifen und lecken sie hoch, ein melancholischer Teufel heizt wütend ihren Kessel, daß sie sich schnell mit der *goldnen Linie* zu einem feuerroten – Pilz vereinigen, einem Steinpilz mit zusehends sich verdickendem Stiel. In den pustet der abstruse Sonnenpilzheizer bitter schmerzlichen Gesichts, bis es eine Terrine wird, eine feurigrote Punschterrine, eine saffrangelbe Teebüchse mit *goldenem* Deckel, an den er – plötzlich mißbilligend schief gezogenen Munds zwei Lotschnüre hängt. Nun preßt er seine saffrangelbe Büchse mit beiden Händen, bis sie ein wundergoldnes Viereck wird, eine rechteckige Sonne aus purem Golde in einem silbergrauen Streifen zwischen matt rötlich gelbem Himmel und tiefblauem Meer.
Nachdem der Sonnenmodler dieses Viereck sechzig schwere Sekunden hat leuchten lassen, knüpft er seine Schnüre zusammen und windet sie geschäftig um seinen Riesengoldwürfel; ächzend zieht er sie zusammen, schweigend buchten die Schmalseiten sich ein und formen zitternd und dann in gelassener Herrlichkeit aus dem Würfel einen Becher, einen Sonnenbecher, dessen *gold*dunkler Haute Sauterner in der Horizont*linie* wallend überschäumt – – –
Aber der Becher zerbricht und zerfließt wie ein schöner Rausch; der Stiel zwischen Fuß und Schale wird dünn und schmal, ein dünner Stiel, der rasch zerreißt, so daß

nun bald nur ein Riesen*gold*tropfen von der wallend glänzenden *Linie* des Horizontes gegen ein immer schmaler werdendes Segment aus purem Golde hängt, das sich von dem unteren Rande des silbergrauen Streifens ihm entgegen hebt.
Immer vollkommener wird der Strom des Silberstreifens, Segment und Tropfen spült er fort, auch die wogend *goldne Linie* des Horizonts ist mit einem Male verschwunden – lachend springt der Teufel ins Meer.
Im Osten ist eine rosige Gegendämmerung verbrannt, der Silberstreifen zerfließt und das Meer wird schiefergrau und wüst.
Gott, kommen Sie! Die Sonne kann auch mal ausschaun wie eine Suppenterrine oder eine Berliner Weiße mit Schuß. Darüber exaltieren Sie sich! Nicht wahr, es ist ein optisches Phänomen, Strahlenbrechung, verschiedene Erwärmung und verschiedener Wassergehalt der Luft, etcetera – soll ich Ihnen sagen, was es ist? Kitsch ist es, Kitsch, Kitsch, Kitsch! Aber nachher, wenn es dunkel wird und schiefergrau und wüst, wüst, oh! wie wüst – ach! kommen Sie, Sie fade Punschterrine.
An diesem Abend gefiel sie mir und am nächsten infizierte sie mich mit Syphilis.

Aus der Novellensammlung *Der Rubin* (1) (1913-1914)

Der Rubin

Um die Zeit, in der an der Küste die Linden blühen, saß der Einjährig-Freiwillige Wiekannmannur rittlings auf der Mauer, die das Kasernement umschloß. Denn außer dem dreitägigen Arrest und der Degradierung zum Gefreiten bestand seine Strafe, die er sich wegen einer handgreiflichen Äußerung moralischer Dekadenz zugezogen hatte, in der Einkasernierung: Darum mußte er sich allnächtlich aus der Stube, in der er mit den Leuten seiner Korporalschaft schlief, herausstehlen, mußte sich sachte über den Flur und die hallenden Treppen und durch die lauernden Schatten des Kasernenhofes schleichen und dann sich über die Mauer ins Freie schwingen. Dort erwartete ihn die blonde Madelon, mit der er eilig in seiner Wohnung verschwand. –
Knarrend zog die alte Uhr Luft in ihre rostigen Lungen und rief zwölf rasselnde Schläge in die Nacht, und hart und dumpf tapsten die nägelbeschlagenen Stiefel der patrouillierenden Posten auf dem Pflaster oder glitten langsam und tückisch über den knirschenden Kies. Ringsum aber breitete sich in weißen Lachen und Seen der Nebel, aus dem gleich wulstigen Echsenköpfen die Wipfel der Ulmen und Linden ragten und die Lichter einer Bahn wie rote Kakerlakenaugen glotzten; und mitten aus der sternleeren Nacht hing der Mond wie eine blankgescheuerte Messingampel herab. Eine Handvoll verlorener Klänge kam durch die Luft und flatterte träumerisch zwischen den rotbraunen Gebäuden und versank gerade wimmernd in den traurigen Nebeln –
Halt!

Mit einem brutalen Griff packte ihn eine rote haarige Faust am Fuß und zog ihn herab. Aber fluchend riß er sich hoch, trat dem Kerl mit Wut ins Gesicht, daß er zurücktaumelte und Helm und Gewehr auf die Erde kollerten, und schwang sich herab.
O Madelon!
In dichten Wolken quoll aus den Lindenblüten der Duft in das Zimmer, von dessen Decke braune Schattenfransen in das rote Licht herabhingen, das da zwischen den vier Wänden lag wie ein riesiger Rubin. Und willst du den Rubin gelten lassen, so wirst du die zitternd graue Rauchsäule, die aus einer bläulichen Aschenschale hochstieg, sich schirmartig verbreitete und in phantastischen Akanthuskapitälen und krausen Arabesken sich auflöste, als einen vertikalen Riß oder eine Trübung des Steines ansprechen dürfen. Und nicht mehr als Trübung, sondern als das innerste Geheimnis, als das Herz des Edelsteines wirst du die Karaffe öligen Weins bezeichnen müssen, in der es zuweilen in einem tiefen Purpur aufleuchtete, als sei es eben das pulsierende Herz des roten Rubins. Aber eine hohe weiße Flamme, den brennenden, sehnsüchtigen Geist des Steins, muß ich Madelon nennen, als sie in unbekümmerter Nacktheit an das Lager trat, auf das sich ihr Geliebter hingeworfen hatte. –
Willst du dich nicht ausziehn?
Nein, denn du siehst weißer und seidener aus neben dem stumpfen Blau und dem knalligen Rot und den grellblanken Knöpfen dieses – ach, dieses Ehrenrockes! O Madelon!
Dann zog er sie an sich und bat sie, sich rittlings auf seine Brust zu setzen. Darauf faßte er ihre Hände und suchte ihre Augen und versenkte sich in ihrer strahlenden Bläue wie in ein immer grundloseres Meer.
Hast du gesehen, wie draußen der Mond in der sternleeren Nacht hing, wie eine einsam leuchtende Ampel, wie ein vergessenes Licht? So hänge auch ich in meiner

Welt, ratlos und einsam in ihrer unbeschreiblichen Sinnlosigkeit und ihrer ewigen Brutalität. – Ich habe dieser Welt nicht fluchen können, ich bin viel zu klug zum Fluch; denn ich weiß, mein Fluch wäre bedingt und bejahte irgendein Gespenst, ein fernes irrlichterndes Ideal. – Ich baue mir auch nicht auf diesem Fundament und trotz diesem Fundament von Sinnlosigkeit und Brutalität ein hohes helles Haus; ich bin viel zu schwach zu diesem „Trotz", und mein Wille zergeht in dem Licht meiner Augen. – Ich gehe abseits und vergesse die Welt im Rausch, in dem rigorosen Wegsehen von allem und dem inbrünstigen Untertauchen in deiner roten Liebe und deinem seidenen Leib.
Du schöne gischtende Welle, die der Sturm da draußen ins Leben rief und brausend weiter treibt und sie nicht ruhen heißt, bis sie den Felsen, den sie umschäumt und umstrudelt und umkost Tag und Nacht, in ihre weichen Arme sinken sieht. –
Ist es nicht wie in einer Kirche, in deren dämmernden Bögen und Nischen sich Weihrauchwolken und Orgeltöne verfangen? – Willst du nicht trinken? Sieh, der Wein ist so rot, rot wie die Knäufe deiner stolzen Brüste. O Madelon, in deiner Liebe liegt für mich die Möglichkeit, die Welt anzuschauen als ein Gemälde, an dessen Buntheit und Farbenreichtum ich mich erfreue, ohne nach dem Zweck, dem Schöpfer und der Zusammensetzung der Farben zu fragen. Du süße Aster, du roter Wein und seidener Leib, o du gischtende Welle, du letztes verlorenes Glück und veilchenblaues Lächeln im Winkel, du – mein – Gott!
Da rieselte es über ihren Leib, und sie sank über ihn so, daß sein Kopf zwischen ihren Brüsten zu liegen kam. – –
Als der Einjährig-Freiwillige Wiekannmannur am nächsten Tage vom Feldwebel aus dem Bett geholt wurde und erfuhr, daß er mit zehntägigem Arrest und Verlust der Schnüre bestraft werden würde, nahm ihn einer sei-

ner Kameraden beiseite: Ich verstehe Sie nicht – ein Mädchen, das Sie notorisch betrügt! Ich habe noch heute morgen gesehen, wie sie von Ihnen drei Häuser weiter zu einem andern auf die Bude stieg. Und da sie auch des Nachts erst um zwölf zu Ihnen kommt, nicht wahr? und Sie nicht wissen können, – –
Da ging der Einjährig-Freiwillige Wiekannmannur auf seine Wohnung, entkleidete sich gemächlich und legte sich in die Kissen, die noch die Wärme ihres Körpers trugen. Dort wartete er, bis die Patrouille kam, die ihn abholen sollte, und in dem Augenblick, da sie die Tür aufrissen, schoß er sich die Kugel in den Mund. – – –
Wirst du nun zugeben, daß du mit ihm verkehrt hast? Wirst du?
Und da sie schwieg und sich nur wimmernd vor ihm krümmte, fuhr wiederum die Peitsche klatschend über ihren Rücken.
Es ist ein Skandal! Sich wegen so einer Dirne zu erschießen! Gib es wenigstens zu! Hörst du?
Und da sie immer noch schwieg und sich nur wimmernd vor ihm krümmte, fuhr wiederum die Hundepeitsche klatschend ein, zwei, dreimal über ihren entblößten Rücken. Dann ließ er ihre Hand los, daß die vor ihm Kniende zusammenbrach und mit der Stirn auf die Stuhlkante schlug; und so blieb sie liegen.
Er aber lief schnaufend in dem Zimmer umher, in dem eine saure Bier- und Tabaksatmosphäre brütete, fuchtelte mit der Peitsche und warf sie schließlich mit einem „Du Aas!" auf den striemenbedeckten Rücken der blonden Madelon. Dann trat er an das Fenster, öffnete es und wischte sich den Schweiß von der Stirn.
Da flog zitternd die Nachtluft herein und streichelte Madelons zerwühltes Haar und hielt vor ihre schluchzenden Augen das Bild von dem dunklen Rubin und seinem purpurnen Herzen. –

Als aber dieser Musensohn ihren Hauch auf seiner zerhauenen Stirn fühlte, riß er einen Mensursäbel von der Wand und warf sich in Fechterpositur und begann mit dröhnenden Quarten das Ofenrohr zu bearbeiten.
Da verlor Madelon den roten Rubin und vergaß zu weinen und fing an, leise in sich zu lächeln. Und als der Unermüdliche den Säbel polternd in die Ecke warf, einen Kasten Flaschenbier an das Sofa zog und zu trinken begann, ließ sie ihre Augen leuchten und wartete nur auf das „Na, Kind, wir wollen uns wieder vertragen". Und wie es endlich kam, rutschte sie auf den Knien zu ihm und umfaßte mit ihren Armen seinen trunkenen Leib.
Dann zog sie ihm Stiefel und Strümpfe aus und drückte ihre Lippen auf seinen Fuß. –
Am nächsten Morgen um neun lag die Sonnenglut auf der Straße wie ein böses weißes Tier, das mit seinen gläsernen Tatzen und seinem stickenden Atem jeden ansprang, der aus der nächtigen Kühle der Wohnungen trat; dann preßte es ihm die Lungen zurück, griff beißend und brennend in seine Augen und hängte sich ihm schwer wie Blei an die Füße. Und je höher die Sonne stieg, desto größer wurde das Tier und desto weißer seine gläserne Haut; desto höher kletterte es an den Häusermauern hoch und stieg durch die Fenster und wälzte sich in die Zimmer, faul und schwer und schwül. Am wohlsten aber fühlte es sich und blähte sich vor Vergnügen in dem Zimmer, in dem neben dem zerbeulten Ofenrohr und den geleerten Bierflaschen der schartige Säbel an der Erde lag. Da sog es in tiefen Zügen den Schweiß- und Bierdunst ein, erwärmte ihn glühend in seiner Brust und hauchte ihn mit einem teuflischen Grinsen über die beiden Schlafenden wieder aus.
Davon erwachte Madelon. Und da sie den hellen Tag und das weiße Sonnentier sah, wandte sie sich um und weckte ihren Geliebten und ließ über sein rotgedunsenes

Gesicht, seinen halb geöffneten Mund, aus dem der sauersüße Alkoholschwaden stieg, und seine verschleimten Augen die ihren in ihrer blauesten Zärtlichkeit streifen. Dann preßte sie sich an seinen warmfeuchten Leib und fühlte, wie plötzlich ein klebriger Schweiß aus allen seinen Poren quoll –
„Oh, Liebling, nun bist du nicht mehr böse –,"
Da hallten ein, zwei, drei Salven durch den Morgen – –
„Nun haben sie ihn begraben" –
Aber sie schüttelte mit lächelndem Unwillen ihr Haar, ein Sturm süßer Zärtlichkeit flog über ihr feines Gesicht, und während sie den behaglich Grunzenden fiebernd umklammerte, flüsterte sie in seine roten Eselsohren: „Warum habe ich dich nur so lieb?"

Die Dirne

Als aber die fetten Blattleiber der Aronstäbe kitschgrün und herdenweise aus der Erde quollen und über ihnen die Rüstern gelbbraune Pollenwolken in die Winde streuten, drückte mich die Welt am schmählichsten nieder, indem sie mich die kränken hieß, über deren Herz ich mehr Macht hatte als über mein eigenes. Seitdem bin ich mit dir lange Jahre hoch in die Berge und dünnen Lüfte gestiegen und will dir heute zwischen ihren Gletschern und gläsernen Firnen auch von dieser Zeit erzählen, auf daß du lernest, mein Sohn, daß das Narreneinsiedlertum des Stolzes gefährlich ist und zumal eines Stolzes, den die Verzweiflung gebar, und auf daß du wissest, daß es eine verderbliche Eitelkeit ist, eine Sentenz auf sich anzuwenden, die nur der Müßiggang schuf und die zuwidere Sucht, geistreich zu sein. Du hast gelesen, was solch ein geistreicher Schwätzer schrieb: „Eher lieben wir noch die, die uns hassen, als die, die uns mehr lieben, als wir wollen." Das mag wahr sein, wie nur

etwas wahr sein kann, aber es ist eine Verruchtheit und ein unglückseliges Bestreben, eine vorübergehende Stimmung durch eine solche Sentenz zu verstärken und dauernd zu machen; denn eben diese Sentenz und den Versuch, sie an mir selber zu beweisen, meine ich.
Als also wiederum die Aronstäbe sproßten und die Bäume stäubten, hielt ich es nicht mehr aus und machte ihr eine Szene:
„Laß mich wenigstens allein! Liebe mich meinthalb, aber sage es mir nicht, erzähle es mir nicht jede Stunde und jeden Tag. Diese ewige Anhänglichkeit, diese hemmungslose Hingabe, dies entsetzliche mich Bewundern, mich entzückend Finden, dieses Hungern nach einem freundlichen Wort, dieses stündliche, dieses bedingungslose sich an mich Schmiegen, dieses hündische Dulden, das ist ja entsetzlich, das hängt einem ja zum Halse heraus!"
Als sie aber mitten auf der Straße laut aufschluchzte, schwieg ich still und ging weiter mit ihr und stemmte bei jedem Schritt den Stock so heftig auf den Boden, bis er zerbrach. Dann blieben wir an einer Ecke stehen.
„Du mußt das einsehen; laß uns für einen Augenblick objektiv und ruhig sein; versuche einmal, unsere Lage von oben zu betrachten. Sieh, du bist in deiner Sprache und deinen Gedanken mein reines Konterfei geworden, nun kann ich dir nichts mehr geben, und wir laufen hintereinander in einem ewigen Kreise herum; und dabei stehle ich dir deine armseligen Groschen. Laß uns warten und uns trennen, bis ich die Mittel habe, wieder menschenwürdig zu leben; ich muß Menschen, andere Menschen sehen – seit einem Jahr spreche und kenne ich nur dich –, in andere Gegenden, in die Berge muß ich; dann komme ich zurück, ein anderer, ein neuer – so sagt man ja –, und dann kann ja das alte Spiel wieder beginnen. Du modelst dich wieder nach mir um, wir verpulvern unser Geld, essen, trinken, amüsieren uns, bis

– nun ja. Aber jetzt, ich muß allein sein! Ich will nichts geschenkt haben! Ich kann nun einmal deine Liebe nicht brauchen! Such dir einen anderen!"

Als sie mich dann aus großen Augen ansah und nichts sagte und mich nur ansah, suchte ich ihr den Abschied leichtzumachen dadurch, daß ich sie in einen Krämerladen schickte, um mir dort mein gewohntes Mittag- und Abendbrot zu kaufen, eine Zusammenstellung, wie sie sich der gewöhnlichste Gelegenheitsarbeiter und Schneeschieber zum Frühstück verbeten hätte, und wußte, daß mein Geld auch dieses Mal nicht ausreichen und sie ihren Groschen zulegen würde, aber – als sie wieder herauskam, gab ich ihr schweigend die Hand und ging heim.

Und daheim – ich habe dir von diesem Daheim erzählt – fand ich eine Geldanweisung vor; da ging ich in ein Restaurant und aß und trank. Und als es spät geworden war und ich anfing, trunken zu werden, trollte ich mich auf die Straße, um mir für die Nacht ein Abenteuer und eine Dirne zu besorgen. Und ich fand die Dirne, die willig genug war, mitzugehen – es regnete diesen Abend, und der Regen hatte ihr Gelichter und zumal die „Besseren" unter ihnen verscheucht –, und nahm sie mit und war überrascht von der Schönheit dieser Dirne. Denn ihr Leib war gepflegt wie einer der besten ihres Handwerks und war doch heiß und schien unverbraucht, als hätte sie eben nie ihrem Handwerk angehört. Aber was ich sagte, verstand sie nicht, und auf meine Fragen schüttelte sie lachend den Kopf und zuckte die prächtigen Schultern. Da preßte ich den Mund zusammen, wenn sie mich küßte, und stieß abwehrend den Atem durch die Nase, wenn sie näherrückte und Liebesworte flüsterte; und lag wach die ganze Nacht und freute mich, daß es regnete und der Wind in den Kaminen heulte und sich pfeifend an den Telegraphendrähten mit seinen weißen Zähnen verbiß.

Am nächsten Morgen hatte er den Himmel reingefegt; da nahm ich ein langes Bad und säuberte meinen Leib und ging dann hinaus vor die Stadt, um von einer hohen Brücke aus zu den Bergen hinüberzusehen, auf deren höchsten Höhen wir nun schon lange Jahre wandern. Dann kaufte ich Früchte und ging zu ihr, der ich gestern in einem törichten Stolze vermeinte, den Abschied geben zu müssen, und sie nahm die Früchte und aß sie und lachte und blieb so lange bei mir, bis sie deine Mutter wurde und starb. –

So hast du es einer Dirne zu danken, daß du auf diese Welt kamst und lange Jahre meine Einsamkeit zwischen Eis und Enzianen teilen konntest. – Aber die Sonne beginnt schon senkrecht aus dem Himmel zu fallen, und der Schnee will schon wieder rot werden, die Enziane schließen ihre Blätter, und wir haben noch einen weiten Weg.

Das Duell

Da es Sommer werden wollte, hatte er seinen Mantel – sein letztes Verkaufbares – verkauft, und nun stach ihn die Nacht mit tausend feinen Nadeln in die Hand und ließ ihn durch das dünne prickelnde Dunkel in einem seltsam stelzbeinigen Gange weitereilen. Und da der Wind aus dem Osten durch die Straßen blies, zwar nicht schwer und metallen, wie er im Winter weht, aber mit einer schweigenden, boshaft tastenden Ironie, gelangte er immer weiter in den nun ganz menschenleer werdenden Nordteil der Stadt – dieses mitleidlos steinernen Kraken, der sich an den Ufern der Seine hingelagert hat und seinen Atem in die Nacht brausen läßt: Not, Brot und Brunst, wir sind die Welt! – Und während ihn bei dem stundenlangen Gehen auf den sechzig Grad schiefen Absätzen seiner dünnen Schuhe die Waden zu schmerzen

begannen und während er gedachte – – Oh! verflucht! verflucht! – – ward er sich klar, daß ihn jemand verfolge; blieb er stehen, so schwiegen die tapsenden Schritte hinter ihm, und bog er aus den windstillen Straßen, aus den Straßen, in denen der Wind nur wie ein dünnes Schneegestöber sein Prickeln von oben auf ihn niederstreute, so daß er sich dicht an die Häuser duckte, in eine Querstraße ein und stemmte sich dort dem fegenden Prickeln und Brennen der Nacht entgegen, richtig: so folgte er ihm und, wie es schien, in dem gleichen frierenden, seltsam stelzbeinigen Gang. Schließlich wandte er sich um und traf seinen Verfolger, der an einer Ecke stehengeblieben war und, ebenfalls die Hände in den Taschen, einen Bilderladen betrachtete.
„Ah! Du!"
Und das war ein junger, noch hübscher Bengel, etwas verkommen, etwas leidend, und, wie man annehmen durfte, mit den gleichen sechzig Grad schiefen Absätzen, auf denen er schon seit Wochen durch die Straßen lief; der zog mit einer müden, chevaleresken, doch etwas ängstlichen und dadurch unendlich liebenswürdigen Verbeugung seinen Hut und sagte, während er den anderen mit dem Stock für einen Augenblick leise gegen die Brust stieß:
„Es wird Sie höchlichst verwundern – ah, was soll das zwischen uns! Sie müssen mit mir fechten; ich kann nicht fort von hier, als bis Sie mir diesen Wunsch erfüllen – fechten Sie mit mir, wenn Sie mich vor mir retten wollen."
Und da der nur einen Blick überlegenen Spottes über ihn herabfallen ließ, stieß er ihn wieder leise mit dem Stock gegen die Brust und fuhr fort, mit seiner durchdringlichen Knabenstimme auf ihn einzureden:
„Sie haben gewiß recht. Ich habe mit meinen roten Apfelbacken und meiner faden Dummenjungenmelancholie Ihnen ein Weib geraubt, und noch schlimmer, ich

habe Ihr Vermögen, das Sie an Marion verschwendeten, bis auf den letzten Heller in meine Tasche gesteckt und dann an Ihre Freunde verspielt. Aber sie mag mich nicht mehr, sie hat mich eben nie gemocht, sie hat nur aus einem ohnmächtigen Haß auf Sie, weil sie Sie mit einer fanatischen Anbetung liebte und sich dieser Liebe schämte – ich bitte Sie, lachen Sie nicht, denn so etwas muß es gewesen sein –, Sie vernichten wollen, und ich war ihr Werkzeug, ihr Werktier dazu und – bekam nichts als mein Futter. Nun hat sie es erreicht, Sie laufen frierend durch die Straßen und können sie nicht mehr mit Ihrer Großmut peitschen, und ein Werkzeug, das man gebraucht hat und verbraucht hat – – Und daß ich das war und es durchschaute und es dennoch blieb, es blieb des armseligen süßen Futters wegen – verachten Sie mich nicht, lassen Sie diesen Teufel wenigstens nicht zwei zugrunde richten, lassen Sie uns zusammenhalten, lassen Sie sie doch wenigstens nur ein Opfer haben, fechten Sie mit mir und geben Sie mir dadurch meine Scham vor mir und eine Lebensmöglichkeit zurück! Sie sind sich zu gut, Sie sind vielleicht zu müde oder zu misanthrop, ein Leben zu retten? Oder sind Sie so kleinlich und rächen sich auf diese Weise an mir? Nein, nein, verachten Sie mich nicht! So rächen Sie sich doch lieber an ihr – vielleicht hat sie mich doch geliebt, vielleicht liebt sie mich noch, gewiß sie liebt mich noch." Aber da er immer noch schwieg und sich dann mit einem Kopfschütteln von ihm wenden wollte, schlug er ihn – jäh ins Gesicht; ängstlich, aber gerade die Angst gab dem Schlage eine Kraft, daß der andere zur Seite taumelte und sich dann mit gehobenem Stock auf ihn stürzte; als er aber sah, wie er sich duckte und den Arm abwehrend über den eingezogenen Kopf hob, ließ er von ihm.
„Kommen Sie mir nach."

„Nein, gehen wir zu mir, ich habe Waffen zu Hause und" – mit einem Versuch zu scherzen –, „wenn Sie wollen, die schweren Schlagprügel der Deutschen. Und" – nun mit einem krampfhaften Auflachen –, „Zeugen brauchen wir wohl nicht."

Dann gingen sie zurück in die Stadt; zuerst einer hinter dem anderen, aber der Jüngere holte den langsam vor ihm Hergehenden bald ein, und so stapften sie miteinander durch die Nacht, den Stock unter dem Arm und die Hände in den Taschen ihrer abgeschabten Röcke, beide in einem frierenden, seltsam stelzbeinigen Gang.

„Sehen Sie" – begann nach einer Weile der Ältere –, „die Sterne haben sich verkrochen und lassen einen silbernen Schleier unter sich fallen, und eine Brücke bauen sie unter sich, eine Hängebrücke von weißen Wolken, geradewegs über den Zenith eine Wogenwolkenbrücke, eine geschwungene Silberwolkenleiter. Wissen Sie, ich wandere auf ihr, das Gewehr geschultert, mit weitem hallenden Schritt und in den Gliedern den schütternden Frost.

So wandere ich nun, und wenn ich zähle, so zähle ich: es fehlt nicht viel an dreißig Jahren – was sind wir nur? Sind wir nicht Wolkensteiger mit dem ewig haftenden Blick in die Tiefe, trotz der Erkenntnis der nie zu überbrückenden Entfernung bis zu dieser Tiefe? Wir sehen Farben, und seltsame Klänge dringen zu uns, und wir wissen doch, daß wir nie zu den Dingen, zu den spöttischen Malern und Sirenen-Müttern, gelangen, von denen jene zu uns kommen. Warum können wir nicht zu ihnen stürzen, warum können wir nicht auf unserer Wolkenleiter wandern, ohne zu ihnen hinabsehen zu müssen voll kindlich-weiser, voll kindlich-törichter Sehnsucht? Und warum wandern wir allein? Es gibt so viele Wolkenleitern, hohe und niedrige und solche, auf denen das Blut zu kristallenen Nadeln gefriert; aber sie sind einander fremd und laufen alle nach verschiedenen Winden; sie kreuzen sich wohl, und wenn ihre Wanderer sich begegnen, so sehen sie sich wohl groß und mit einem traurigen Lächeln an und sie grüßen sich, aber sie verstehen einander nicht und gehen ihre Straße weiter, allein und nie verstanden. Und sollten sie sich und ihre Schatten, denn auch ihre Schatten wandern auf ihnen ewig und ernst, auch die Hand reichen und auf dem schmalen Punkte stehenbleiben und ihre Glieder schmerzlich süß umeinander schlingen – sie kennen sich nicht und erkennen sich nicht, sie bleiben zwei Welten mit undurchdringlichen Grenzmauern und reichen sich die Hände wieder und gehen ihre Straße fort, allein und nie verstanden – Hallo! die Leiter bricht und der Morgen braust! Aber wir werden sentimental und es ist auch wohl zu kalt zum Reden – eine verfluchte Nacht! Sehen Sie, die Sprossen der zerbrochenen Leiter – denn die Morgenkälte knickte sie wie Glas – sind herabgefallen und liegen leuchtend wie aufgehäufter Silberschutt am Horizont. Aber die Nacht formt sich einen Fächer daraus und hebt ihn und hält ihn abwehrend gegen die gelben und braunen Bänke, die langsam aus dem Osten klettern. Dunkler wird sie und drohend leuchtender und wölbt sich noch einmal über uns in ihrer verführerischen Majestät: bleiben wir in ihr, halten wir uns an sie und flüchten mit ihr blindlings in rauschende *maestosos sostenutos?* Den letzten Schleier zieht sie fort von den uralten Nägeln, die wir in sie geschlagen, den letzten Wolkenschimmer streift sie fort von ihrem Samt und ihren schwarzen Sammetfransen, und tiefer hängt sie ihre leuchtende Mondampel – aber stärker und sonnenbrauner wird der junge Tag, den Silberfächer reißt er aus ihrer steifgefrorenen Hand und wischt sie fort wie einen heiligen Spuk. Die Elfenbeinrippen seiner zärtlichen Waffe färbt er rosenrot, Hörner und Zungen und drohende Papageienschnäbel schießen aus ihr hervor und stechen in die kopflos flüchtende Nacht, bis in einer stolzen Kugel rötlichen Goldes der Tag – zum Kuckuck! Sie machen mich sentimental und lassen mich Lyrismen produzieren; aber wir sind angelangt, *voilà*, gehen Sie vor."

Dann gingen sie eine Stiege hoch, in der noch der Geruch geschmorter Zwiebeln vom Abend her hängengeblieben war, und traten in sein Zimmer, ein mittelgroßes, etwas muffiges Gemach, wie man es an „bessere Herren" zu vermieten pflegt und das ein verblichener Glanz von Seidenmöbeln und allerhand Tändeleien und Familienerinnerungsfirlefanz, der an den Wänden und auf den Schränken sich verstauben ließ, nur noch muffiger aussehen machte; durch zwei niedrige Fenster fiel das gelbliche Licht des Morgens, und einige Floretts und Korbdegen standen in einer Ecke neben einer mit Leder überzogenen Holzpuppe – einem Phantom, wie man diese augenlosen Puppen nennt, an denen man seine Fechtkünste zu vervollkommen sucht.

„Ich habe noch einen Rest Burgunder, von dem ich einmal mit Ihrer Marion zechte – trinken wir?"

Der aber zog schweigend Rock, Weste und Hemd aus, wählte fröstelnd einen der schweren Säbel und stellte sich in die Mitte des Zimmers, das Fenster im Rücken. Und der Jüngere folgte ihm, ganz ruhig und sachlich, aber mit einer Angst, die ihm hörbar bis an die Kehle schlug, und stellte sich ihm gegenüber.

„Ich schlage Brusthiebe, mein Freund – sehen Sie sich vor – – –"

Im zweiten Gange zog sich durch die Brust des Jüngeren ein schmaler roter Strich, der sich plötzlich zu einem handbreit klaffenden, gelblich-roten Spalt öffnete.

„Weiter."

Im nächsten Gang fuhr der Säbel in denselben Spalt, durchschlug die Rippen und brach in die Lunge – nach einigen Minuten verschied er, nachdem er noch vorher mit einer letzten Bewegung nach einem Schrankladen

gedeutet hatte. In dem lagen sorglich nebeneinander gefügt Scheine und Louisdors und ein Zettel dabei: „Von Marion." Er überzählte die Summe, und sie mochte ungefähr das Vermögen betragen, das er an Marion vergeudet hatte.
Armer Teufel, wie kann man so sentimental sein.
Er nahm das Geld zu sich, weckte den Hausherrn, denn es war noch immer früh am Morgen, und verließ dann das Haus, um mit einem etwas pomphaften Schreiben sein wiedererlangtes Vermögen dem städtischen Armenpfleger zu übersenden; nun würde der Klatsch schon das Weitere tun; darauf stellte er sich dem Gericht. – Und als er nach dem Urteilsspruch, der ihn mit einer leichten Freiheitsstrafe belegte, seine Wohnung aufsuchte, lag dort weiß und duftend und in einem köstlichen Spitzenhemde in seinem Bette Marion; und man erzählt sich – denn diese Geschichte ist wirklich passiert –, daß diese Marion noch jahrelang – solange ein Weib Geliebte sein kann – die einzige Geliebte dieses Mannes war und darauf in einem Kloster ein gottseliges Ende nahm.

Aus den *Essays und Kritiken* (1913-1914)

Kitsch

In dem Wind, der sich zwischen den Steinblöcken der Stadt hindurchzwängt, liegt etwas Metallenes – das ist aber auch das einzige. Denn der Schnee und die melancholischen Gaslichter und hellen Fenster, hinter denen irgend welche Menschen irgend ein Fest feiern, ist genauso kitschig wie der Umstand, daß ich ziellos, nur um die entsetzlich leere Zeit totzuschlagen, durch die Straßen stapfe, von welchem Durch-die-Straßen-Stapfen ich nebenbei erwarten darf, daß die aus ihm kommende Müdigkeit mein läppisches Vereinsamungsgefühl in eine stupide Resignation verwandeln wird, in der ich meine Wohnung aufzusuchen pflege. Aber das ist eben Kitsch im Vergleich zu dem Etwas von Metallenem in dem Winde, der unruhig durch die Straßen stößt.

Man hat mir die Worte Schnee und Einsamkeit zu oft in den Mund genommen und in einer verlogenen Gemachtheit die anscheinend unerschöpfliche Fülle von Poesie und Wahrheit, die in ihnen lag, zerstört – und nicht nur diese Worte! Ich kann kein Wort mehr sprechen und keinem Gefühle mehr mich hingeben, das ihr nicht zu einer Lüge verhunzt und zum Kitsch gemacht habt. Ich mag mir auch nicht die Mühe geben, in diese einst so ehrwürdigen Worte so etwas wie einen neuen Inhalt zu gießen, denn die Form und Hülle ist die Essenz der Dinge, und mit diesem klingenden Ich-weiß-nicht-was habt ihr eben Schindluder getrieben.

Vielleicht eine der Wurzeln unseres verfahrenen Suchens nach neuen Ausdrucksmitteln. Die Form ist unrettbar verhunzt: geben wir dem ewig gleichen und unzerstörbaren, weil ewig menschlichen Inhalt eine neue Form! (Denn was wir durch sie auszudrücken haben, ist eben nichts Neues: was ist letzten Grundes Neues –: was ist letzten Grundes Neues in der sogenannten naturwissenschaftlichen Erkenntnis und dem Fortschritt der Technik?)

Aber ob wir *die* neue Form finden werden? Ich fürchte, diese neuen Ausdrucksmittel der niemals alternden Inhalte sind zu gewollt und zu bewußt gemacht, und zwischen dem Ursprünglichen und dem Absichtlichen bleibt eine ewige Disharmonie.

Und wie mit der Kunst, so geht es mit unserem persönlichen Leben: wir *mögen* unsere Gefühle und Stimmungen, mit denen jeder Skribifax Mondkälber zeugt, nicht mehr und suchen unsere Überempfindlichkeit in eine melancholische Blasiertheit und in eine ironische Kühle zu retten. – Eine traurige Geschichte.

Der Zynismus unserer Jüngsten

Sie bilden eine ganz eigene Gruppe; aus kleinen, oftmals rührigen Verlagen tauchen sie für einen Monat auf, und außer dem Kreis ihrer Kaffeehausfreunde kennt sie niemand; zuweilen schleicht sich ein Gedicht, eine Novelle oder Kritik von ihnen in irgendein mit stürmischem Titel geschmücktes Blatt, aber wer behält die Namen, wer liest diese Blätter und wer vergißt nicht – nein, in ihrer Gesamtheit betrachtet sind diese Produkte lehrreich und interessant.

Es ist der eigenartige Zynismus, der aus ihnen spricht. Und dem begegne ich bei ihnen durchweg, in jedem ihrer Gedicht- oder Novellen- oder Romanbücher – aber sie schreiben gewöhnlich nicht mehr denn zwei – finde ich ihn und er ist überall gleich gefärbt: ein Zynismus, dem man nicht glaubt, der in sich selber unwahr ist;

denn er beruht einmal in der schamlosen, durch nichts motivierten Darstellung geschlechtlicher Vorgänge und zum andern in dem Bevorzugen kotiger Worte, Worte, nicht Gedanken; dieses Wort, an dessen Stelle man, wenn es sich durchaus nicht umgehen ließ, in den bescheidenen Zeiten den Anfangsbuchstaben und schamhafte Punkte setzte, ist der Trumpf gewordem und das Ziel. Um dieses knalligroten Wortes allein wird irgend ein Alltagsgedanke in eine laue melancholische Stimmung und absonderliche Reime gebracht. So ist die Gesäßschwiele des Pavians ihre begeisternde Muse geworden.

Und sehe ich mir die Verfasser dieser gemeiniglich gut aufgeputzten Büchlein und künstlerischer und kritischen Beiträge an, so begegne ich mit gelindem Staunen zwanzig- bis fünfundzwanzigjährigen Jünglingen, kindlich harmlosen unausgearbeiteten, zuweilen ein klein wenig verlebten Gesichtern; sie sind zumeist erträglich gekleidet, und in den Taschen tragen sie Photographien galanter Dämchen, die ihnen einmal ihre wohlfeile Gunst geschenkt haben; sie zeigen diese Bildchen gerne. Ihr Wissen ist das eines leidlichen Gymnasial- oder Realabiturienten, zu dem nun die Kenntnis der Schlagwörter allerneuester Kunstrichtungen und der Namen ihrer in der gleichen Branche machenden Kollegen hinzugetreten ist. In diesen Wochen arbeiten sie allesamt mit – „das ist eben Psychoanalyse". Sie haben keinen Blick in ein psychologisches Lehrbuch getan, aber sie analysieren uns die Psyche, indem sie mit entzückend harmloser Unbekümmertheit Interjektionen und wilde, dunkle Worte hintereinanderreimen. Nietzsche haben sie zumeist gelesen; er gibt ihnen aber wenig Positives, und sie sind über ihn hinaus, und Logik und Erkenntnistheorie kennen sie, wenigstens die erstere, dem Namen nach. Gemeiniglich sind sie noch immatrikuliert und

mieten sich ihr Atelier unter dem Pseudonym eines studierenden *stud. phil.* oder *stud. germ.*
Woher in aller Welt ihr Zynismus? Ein Zynismus bei jungen Leuten, deren Erlebnisse in einigen Pfändungsandrohungen und Liebeshändeln bestehen, die anders verliefen, als sie sich gewünscht hatten! Denn es ist kein Zynismus geboren aus der jähen Erkenntnis der unbedingten Unerklärbarkeit unserer Welt und der grotesken Nichtigkeit und grandiosen Wurstigkeit unserer Erklärungsversuche; es ist nicht der Zynismus eines – vornehmen Geistes, der sich trotz seiner unbeschränkten, immer wieder betonten Freiheit seiner Gebundenheit und Unzulänglichkeit bewußt bleibt, der trotz seines schmerzlichen Hohns das Rätsel respektiert und der so leicht, fast folgerichtig in einem neuen Optimismus Ruhe findet, in einer ironischen Heiterkeit und in einem feinen Selbstgenuß, unter zahllosen Deutungsmöglichkeiten wählen und zu ihnen neue hinzufügen zu können. Man kann Zyniker werden auf zweierlei Art; eben wie man dem Leben auf zweierlei Art gegenüberstehen kann; entweder will ich mein Dasein breit und tönend machen und alle seine Genußmöglichkeiten restlos in mich ziehen und immer neue und neue erobern, oder ich suche brennenden Herzens seinen Sinn und Grund.
Wir wissen, wie der erste zum Zyniker wird; sein einer Typus reicht von dem „Alles ist eitel" eines übersättigten und genußunfähigen Greises bis zu dem bittern Wort, das der arabische Märchenerzähler den Engel zu den ersten Menschen sprechen heißt, als sie sich feste Nahrung gewünscht hatten und darauf nach einem gewissen Orte fragten: „Geht hin auf die Erde, da ist der Abort der Welt." Sein zweiter beginnt bei dem Griechen, der aus Armut, aus Wut und aus Rache an den ihm unerreichbaren Genüssen zum viehischen Spötter wird, und verfeinert sich im Christen, der ebenfalls aus heimtückischem Raffinement die Welt zum Teufelssud macht

deren Reichtümer ihm versagt sind. Nun zählen unsere Jünglinge weder zu den Zynikern aus Übersättigung oder aus Rache, noch zu jenem, der aus schmerzlicher Erkenntnis seiner und der Welt ewigen Fragwürdigkeit zum Spötter wird.
Oder machte sie die landläufige Ernüchterung in puncto Liebe und Literatur zu dem, was sie uns glauben machen möchten? –
Ich finde in nichts anderem den Grund ihres Pseudozynismus als in ihrer Trägheit, ihrem Mangel an künstlerischem und sittlichem Ernst und ihrem krankhaften Streben nach Bluff und Originalität.
Man mag das künstlerische Schaffen definieren wie man will, es laufen am Ende alle seine Definitionen in die zwei hinaus: das künstlerische Schaffen ist ein außer sich, in einem fremden Material, Darstellen des Innersten und Eigensten, der fest umschlossenen Einzigartigkeit und Eigenart des Künstlers, und das künstlerische Schaffen ist ein Sekretionsprozeß des seelischen Organismus von fremdartigen, ihm nicht assimilierbaren Eindringlingen. Und dieses sich außer sich Darstellen und sich Befreien geschieht mit Naturnotwendigkeit.
Die kürzlich im Erich Reiß Verlag unter dem Titel: „Morgenrot Klabund, die Tage dämmern!" erschienenen Gedichte des sich unter dem Pseudonym Klabund verbergenden Verfassers sind, um nur bei diesem als dem ausgeprägtesten Typus zu bleiben, unausgearbeitet; es wird eine Stimmung, ein Gedanke hingeworfen, die Bilder überstürzen und widersprechen sich, der Dichter ist sich des Wirrwarrs selbst bewußt; er hat, man sieht es beim ersten Blättern in seinem Buch, die Kraft, Ordnung in sie zu bringen, aber er hat sich in seine Vergleiche verliebt, er entzieht sich der kleinen Mühseligkeit, er unterstreicht seinen Wirrwarr und stempelt ihn und macht ihn vollkommen durch ein dick hineingepflanztes „ich bin Dung".

Aber mit dem echten, das heißt, dem naturnotwendigen Schaffen ist verbunden ein angestrengter Fleiß: je treuer die Einzigartigkeit dargestellt, je sorgsamer die Eindringlinge entfernt werden, um so mehr ist der Organismus befreit und um so mehr ist der darstellende Trieb befriedigt. Es fehlt beinahe nirgends bei Klabund, den ich für den begabtesten und versprechendsten dieser Pseudozyniker halte, die innere Nötigung. Der Trieb ist da, aber es fehlt ihm durchweg der künstlerische Ernst, ihn in den eng gemessenen Bahnen zu halten, und der sittliche Ernst, diese Selbstreinigung und diese notwendige Darstellung vollkommen zu machen. Bricht der Impuls hervor, sind die ersten Worte ungewollt hervorgestammelt, so verliert er sich von selbst und folgt einem Antrieb, der mit seinem Schaffen an sich nichts zu tun hat. Ihm ist es jetzt nur um das literarische Produkt zu tun, um das Gedicht, das gelesen werden, das verblüffen soll. Die Bilder, die Worte fließen ihm zu, sie werden wahllos absonderlich und abrupt nebeneinandergestellt, ein Kraftwort hält sie zusammen und unterstreicht sie dick und rot – und was macht einen Gedanken tiefsinniger erscheinen, aparter und freiherrlicher, als wenn man ihm eine grinsende Note gibt! In keinem seiner Gedichte ist die Konzeption ein zynisches Bild, ein schmerzlich hohnvoller Zug, er ist keine zynische Natur, es fehlt ihm durchaus die Nötigung, sein Leid in schmerzlichem Hohn zu verbergen. Und hierin liegt die Unwahrheit seines Zynismus. Sein und der anderen „Schaffen" ist teilweise echt und ungewollt, aber sie haben nicht Geduld und Ernst, und sie wollen sich größer machen als sie sind und verzerren sich dadurch zu einer grotesken Grimasse.

Aus Briefen an seine Frau Paula Sack (1913-1914)

Sonntag, den 31. VIII. 1913, des Nachmittags, unter alten Weiden bei der Militäranstalt (Augsburg)
Im Gegenteil, ich möchte meinen sonnenverbrannten Kopf an Deine kleine Brust legen und Dir alles das immer wieder sagen, was Du so gerne hören mochtest, nur – nicht schreiben! [...] Ich lege mich gleich hier unter die Weiden ins Gras und in die Sonne und denke nichts, absolut nichts. Das ist überhaupt die Höhe, zu der wir endlich kommen können. Wunschlos, aber doch nicht ohne eine leise warme Sehnsucht, die man nicht bezeichnen kann.

*

Sonntag, den 31. VIII. 1913, im Lager Lechfeld
Ich lebe ja einmal ärmlicher als der allergewöhnlichste Musko, drei Mark alle zehn Tage, das ist mein Vermögen. Alle Pumpversuche sind bis jetzt vergeblich gewesen, und dann dieses ewige Sich-Durchdrücken-Müssen durch Menschen, die nicht viel mehr als Tiere sind! Wären sie es ganz, so ginge es an. Aber so spreche ich kein Wort und stapfe so zwischen ihnen meinen trüben Weg – genug hiervon!

*

Donnerstag, den 18. IX. 1913, vormittags
Denk Dir, heute esse ich nach fünf Schauerwochen zum ersten Male wieder menschenwürdig und rauche Virginia und trinke und kann an Dich schreiben.

Zürich, den 27. VII 1914
Zürich ist eine große Stadt und sehr schön, und es wohnen viele lebensfrohe Menschen darin etc. etc. – die Mädchen scheinen mir erbsenbrüstig und frigid zu sein.

*

Mittwoch, den 31. VII. 1914,
zehn Uhr vormittags im Bett zu Richisau
[...] mein Barvermögen 6,05 Franken. Das ist aber egal; ich bin tot und möchte Dich haben, damit Du mich wärmst! Unterwegs war ich heute, immer bei strömendem Regen, von sieben bis neun, das macht, Ruhestunden abgerechnet, zwölf bis dreizehn Stunden, mit schwer gepacktem – das merk' ich jetzt erst – und mit jedem Regentropen schwerer werdendem [...].

*

Linthal, den 2. VIII. 1914,
Sonntag mittag, Gatshof zum Adler
[...] lebe auf Borg und habe nicht einen Heller in der Tasche. Ein sechzehn (!) Seiten langer Brief und eine Novelle liegen fertig auf meinem Tisch, gehen aber erst ab, wenn ich Geld habe. Also: treibe Geld auf, soviel Du kannst [...]. Den Krieg mache ich nicht mit, da mögen andere, alle sagen, was sie wollen. Von hier aus gehe ich dann über die Klausenstraße nach Altdorf und führe in Ruhe meinen Plan aus. Aber Geld! Geld! Das ist ja zu Rasendwerden! Es ist ganz egal, wo Du es auftreibst – aber ich muß doch hier fort!

Göschenen, den 7. VIII. 1914
[...] ich bin der kitschigste Bursche, wo man hat [...]. Ich bummele hier herum, mutterseelenallein, nach Deutschland kann ich nicht zurück, in den Taschen habe ich seit acht Tagen keinen Heller und habe nichts zu tun, als nur darauf zu achten, nicht in die ominösen Abgründe des Gefühls zu purzeln [...].

*

Göschenen, den 12. VIII. 1914
Es heißt jetzt zuerst, sich durchsetzen, rein materiell, trotz Vaterland pp. [...] laß das Pack! Glaube mir doch endlich, man kann nicht genug mißtrauisch sein. Und dann bringe alles mit, aber mit Passagiergut! Alle Manuskripte besonders! Ich will es jetzt mit Schweizer Verlegern versuchen [...]. Das Konsulat gibt *mir* keinen Heller!

*

Göschenen, den 12. VIII. 1914
[...] daß Deutschland von nun an für mich verschlossen ist und daß (eventuell) von einem Deserteur, richtig: Refrakteur, keine Sachen mehr angenommen werden würden. Ich möchte Dir meine Gründe sagen: ich will über mein Leben selbst bestimmen und gebe einem imaginären Ding „Staat" nicht das Recht dazu, dem Staat, von dem ich bisher nichts kenne als Polizeistrafen, Gerichtsvollzieherkosten und – Ablehung von Novellen, weil sie das *bourgeois*-Volk, das ist den Staat, in seinem Schamgefühl verletzen könnten; weiter habe ich keine Lust, mich von übelriechenden Massensuggestionen unterkriegen zu lassen, ich habe kein Verlangen, mich dem beliebigsten Idioten gleichgestellt zu sehen als Vaterlandsverteidiger, von dessen Verteidigung Geschützfabri-

ken und Spekulanten letzten Grundes den einzigen Vorteil haben; ich lasse mich nicht von dem beliebigsten Leutnant – denn ich trete als ganz gemeiner Musko ein –, mit dem sonst, als Mensch, zu reden mir überhaupt nicht einfallen würde, als ein Stück willfähriges Fleisch behandeln, das keinen eigenen Willen mehr hat – ich bin kein Kanonenfutter! Ich würde eine Feigheit und Lüge gegen mich begehen, wenn ich für ein Vaterland, das ich nicht kenne, in den Krieg ginge, nur aus Angst, nicht als Deserteur oder Feigling zu gelten – das einzige, was mich dazu bringen könnte, wären die praktischen Gesichtspunkte, aber die wiegen die anderen nicht auf. F. ist nicht Soldat gewesen und weiß nicht, was es heißt, „sich unterzuordnen", und nun gar noch für den „Staat", die liebe Mittelmäßigkeit, mich abschießen zu lassen, um nur nicht von dieser braven Mittelmäßigkeit als „Vaterlandsloser Geselle" gescholten zu werden. Ich habe schon vorher Dir gesagt, daß ich nicht in den Krieg ginge, und da mag reden wer will – ich weiß, was ich tue, und gebe eben keinem, auch nicht dem toll gewordenen Massengefühl, ein Recht über mich.
[...] Dieser vermaledeite Krieg! Du glaubst nicht, wie viele Patriotismen und ähnliche Gefühlchen in mir rumoren und jeden Augenblick loskommen – aber sie müssen herunter! Ich *will* nicht von einem Hurradusel fortgerissen werden!
[...]
Vielleicht schreibe ich in Deutschland, wenn die Vaterlandslosigkeit hindernd sein sollte, unter Pseudonym[...], warum soll man nicht Arbeiter, nur Arbeiter sein? [...] Es ist mehr als 2/3 Wahrscheinlichkeit, daß man in diesem Feldzug fällt, und wenn es nur 1/100 wäre, ich ginge nicht [...]. Oder soll ich mit und Kriegsnovellen schreiben?

Göschenen, Ende August/Anfang September 1914
Der „Refraktair" geht blendend vorwärts – der erste Akt fertig! Ich weiß bestimmt, daß der uns für immer herausreißt; ich habe ja augenblicklich auch Galle im Überfluß! Kind, daß man sich derart ducken muß! [...] Ich bin jetzt in der vierten Woche hier, meine Schuld beläuft sich auf 160 Franken (rund), und die müssen wir ganz bezahlen.
[...]
Das ist gerade, als ob der Krieg nur deshalb ausbräche, um einfach einen dicken Strich durch uns beide zu machen; wenigstens durch mich. Denn was fange ich an, wenn es wirklich dazu kommt? Ich müßte in der Schweiz bleiben. Wovon? Ich müßte meinen Kitsch anbringen: wo? Nach Hamburg könnte ich nicht, und Du wirst wahrscheinlich zu mir wollen: wovon leben wir dann? Kommt es zum Krieg, so ist, wenn kein Wunder geschieht, unsere Lage hoffnungslos, oder soll ich doch mitziehen? Mich am dritten Mobilmachungstag stellen und mich anpöbeln lassen wie ein hirnloser Referendar oder ein anderer Kretin? Es ist das ja eine tolle Vergewaltigung! Wüßte ich, daß ich heil, respektive nur mit einem abgeschossenen Bein oder Arm zurückkäme, so wäre es das praktischste, mitzugehen. Wäre ich Offizier, so würde ich es aus Lust an der Sache schon mitmachen, aber so wie ein Stück Vieh mit anderen, mit den schmierigsten Idioten zusammengepfercht – ich glaube, ich verzichte. Hätte ich nur Geld und könnte hier heraus [...]. Stiehl doch 6000 (sechstausend) Mark! Und komme, nach Bellinzona etwa.
[...] Nur Geld! Geld! daß ich hier fort kann! [...] Der Abend ist schön, ich weiß nicht, was ich machen soll: man müßte saufen – aber alleine, ich könnte es ja, mag ich nicht – oder Unzucht treiben.

[...] Karl, schaff Geld! Sonst trenne ich mich für ewig von Deinem Bett!
[...] Manuskripte zu verschicken, hat, glaube ich, jetzt gar keinen Sinn mehr. Eine göttliche Gemeinheit, daß gerade unseretwegen der Krieg ausbrach [...]. Was ist das Leben ohne Geld?

*

Göschenen, den 7. VIII. 1914
Mit einem Romanerfolg ist es in diesen Zeiten doch aussichtslos [...].
Ich bin kein Kanonenfutter, und das Pack wird mir noch einmal dankbar sein [...].
[...] ich glaube, dieses Mal tut's ein Roman à la „Namenloser" nicht –, dieses Mal müßte die Sekretion vollkommen sein. Alles Kitsch, aber alles wahr; aber schließlich doch kein Kitsch, weil ich mir doch selber zusehe.

*

Göschenen, den 9. VIII. 1914
Ich glaube, ich bin über die gefährliche Zeit hinüber und bleibe kühl und keusch, bis Du es nicht mehr willst. [...] Gute Nacht, mein kleines liebes Mistvieh. Karl der Dumme, und da ich fürchte, baldigst Läuse zu haben, unweigerlich Karl der Kahle. Karl, verzeih mir, aber ich wollte einen witzigen Abgang machen.

Göschenen, den 10. VIII. 1914
Wenn ich jetzt keine größere Summe bekomme, fahre ich nach Zürich und gehe dort auf ein Arbeitsbüro. Diese Warterei und diese Art Reiserei bin ich satt.

*

München, den 20. IX. 1914, Café Stefanie
Ich bin ansonsten in der fraglichen Beziehung ziemlich obenauf. Ich wollte, ich wäre erst an der Front [...]. Müssen und Anpöbeln läßt mich völlig kalt.

*

München, 28. IX. 1914
Wir brauchen nur Geld, um beinahe vollständig, wie man sagt, „glücklich" zu sein [...]. Karl, wie ich den Pöbel, den Menschen hasse! [...] „Umbringen" sollen wir uns, respektive heroisch dickköpfig sein, damit das Gesindel seinen Kitzel hat!

Aus dem Dramenfragment *Der Refraktair* (1914, 1916)

Der Refraktair
Schauspiel in vier Aufzügen

Auftretende Personen:

Dr. Jakob Vogel Journalist
Anna Dienstmädchen
Egon Professorensohn und Privatdozent
Mignon Egons Frau

Ort: Schweiz

Erster Aufzug

Erster Auftritt

Wohnzimmer – Vormittag – Gebirge und blauer Himmel

Jakob: Also *(Anna unter das Kinn kitzelnd)* meine – haha! mein Fräulein Mutter, das darf keiner wissen, das bleibt ganz geheim!

Anna: Geheim! Hat sich was mit geheim! Ich kann bald nicht mehr auf die Straße gehn. – Aber das ist mir gleich, wenn ich nur Geld hätte, und du hast kein Geld! Wo soll ich hin? Nach Hause? Es der gnädigen Frau sagen? Aber dann wird sie alles wissen wollen – sie hülfe mir – aber so – pfui! Herr Doktor.

Jakob: Hast du gehorcht? – Es ist nichts geschehn. Anna, das verstehst du nicht. Ich bin eine komplizierte Natur – freier Schriftsteller: du, dazu gehört etwas! das kannst du glauben! Ha! ich spiele Fangball mit dem

Leben, und du mit meinem Konterfei unter deinem ländlichen Herzen – paß einmal auf! Ich sollte Oberlehrer werden, aber stell dir vor: mit siebzehn Jahren gründete ich eine Zeitschrift, und Gedichte machte ich! Nein, ich sattelte um und studierte Kunstgeschichte, nach vier Semestern machte ich meinen Doktor, nach – vier – Semestern! – Ich weiß nicht viel, ich weiß eigentlich nichts, ich habe auch garnicht das Bedürfnis, etwas zu wissen – denn was heißt Wissen! Ich – schwätze, haha! ich schwätze, ich bin ein amüsanter Causeur, eine Conferenciernatur, und habe mein Pläsir am Schwätzen, ich erschwätze mir Weiber, allerdings nur, wie *(zeigt mit dem Daumen nach rückwärts)* Egon Lange sagt, bis zu dem gewissen Punkt, er meint, da versage ich, er meint, sie wittern in mir den fehlenden Mann – haha! Ich sage nur *(mit einer prahlerisch komischen Geste auf Anna)* voilà! – O ihr, ihr Weiber! Ich bin ein *homme à la femme*, haha! à la Mignon, deiner gnädigen Frau – es ist nichts geschehn.

Anna: Aber es soll was geschehn; oh pfui! Herr Doktor.

Jakob: Halt den Mund! Bist du toll? *(zischend)* bist du wahnsinnig? *(an den Fingern herzählend)* Sezessionseröffnung, in Serbien Krieg, bedrohliche politische Lage, Kulturpolitik, Rassenpolitik, der Krieg als Atavismus, Kriegslieder, eine Soldatenliedersammlung – – tausend Artikel, tausend Franken, zehntausend Franken! Zwanzig Kinder kannst du damit gebären. Also, meine kleine Anna, Geduld und – es – bleibt – geheim!

Anna *(zuckt die Achseln, ab)*

Jakob *(tritt vor den Spiegel, streicht über seine Glatze und betrachtet wohlgefällig sein Bild)*

Mignon (tritt *ein*)

Jakob: Meine Liebe, Gnädigste, *(da sie mit einem ironischen Blick seine Stellung vor dem Spiegel fixiert)* du! Wir sind mit anderem Maß zu messen! Ich sage dir, um noch einmal darauf zurückzukommen –: und wenn das Todesurteil über unserem Kopfe hängt, wir erreichen unser Ziel dennoch.

Mignon: Du bist ein Narr.

Jakob: Ich sage dir, der schaffende Mann, wir Künstler stehen unter einer höheren Gesetzmäßigkeit – jenseits der Kausalität, jenseits der Moral, selbstverständlich jenseits der Moral. Der Künstler *muß* schaffen, d.h. wir müssen das, was in uns steckt, kraft eben der höheren Gesetzmäßigkeit außer uns darstellen; und wenn –

Mignon: Das wird eine weitausholende Entschuldigung – wo warst du gestern?

Jakob (die *Hände in die Seiten stemmend und sich in den Hüften wiegend):* Tja – wo wird dein Cicisbeo wohl gewesen sein? Jaja, du lachst. Ich bin ein *rara avis in terra.* Wo ich gewesen bin? *(behäbig)* Bei der Katharina. Ein fulminantes Weib! Ich bin nämlich Erotomane – meine Familie – ich bin nämlich erblich belastet.

Mignon: Und das sagst du mir?

Jakob *(sie erstaunt ansehend, dann sich vor die* Stirn *schlagend):* Haha! Du darfst mich doch nicht ernst nehmen – ich bin sogar *(verschämt)* – eine Frühgeburt.

Mignon: So. – Ich wollte dir nur sagen, daß Egon kommt. Und darum – Schluß! mein Kleiner, jetzt ist Schluß! Geh zu den Kempinskys, zu der fulminanten Katharina, schwadroniere, je toller, desto besser – die fällt darauf herein –

Jakob: – wie Mignon bald darauf hereingefallen wäre?

Mignon: Also Egon kommt.

Jakob: Sage einmal, – (*ergreift ihre Hand*) weißt du, was du versprochen hast: „vielleicht – wenn Egon kommt"?

Mignon (*aufspringend und unruhig umhergehend*): Du bist ein Narr.

Jakob: Hoho! – Meinst du? (*nachdem er eine Weile auf einer Zeitung herumgekritzelt hat*) Was schreibt er denn jetzt? Oder komponiert er wieder? Oder malt er gar? Oder will er mit seiner automatischen Wasserdruckpumpe endlich des „unergründlichen Rätsels Lösung" erwischen? – Bezahlt man ihn denn?

Mignon: Nichts. Wir pumpen, genau wie früher. Du lachst – aber mir kommt es oft vor, ich bin in ein Narrenhaus geraten – aber diese Narren haben alle recht.

Jakob: Also?

Mignon: Ich will kein Also – dieses Also behaltet für euch, das gilt nicht bei mir! Es war eine Torheit –

Jakob: – diese ganze Heirat –

Mignon (*zuckt die Achseln*)

Jakob: – dieses ganze Dreieck –

Mignon: – das gar kein Dreieck war. Er kommt! (*Man hört eine Tür schlagen, Schritte; sie springt vor und eilt an die Tür*) Er kommt!

Jakob (*auf sie zutretend, überschwänglich*): Geliebte –

Mignon: Nichts – vielleicht – (*Während sie hinausgeht, setzt sich Jakob wieder und liest in der Zeitung, drückt sich aber, da die beiden in ein anderes Zimmer gehen*).

Aus Briefen an seine Frau Paula Sack geb. Harbeck (1914-1916)

15. X. 1914, hinter Cambrai (Marcoing)
Kitsch? Versuche einmal, die Novellen zusammenzustellen, gemeinsamer Titel: „Der Rubin". Ich küsse Dich und lebe von Speck und Brot und Wein.

*

Péronne, den 26. X. 1914, Café Moellon
Wir liegen eine halbe Stunde von Péronne im Quartier und machen unsere täglichen Bummel in dies langweilige Nest, in dem es nichts als Kognak, immer Kognak und Kaffee gibt, und Fleisch, von dem ich mir heute wieder ein Pfund aufgetan habe.

*

31. X. 1914
Aber ich darf ja nicht fallen, wir müssen zuerst noch Geld verdienen, schachern, um nach Kopenhagen etc. [...]. Ich möchte ein bißchen verwundet sein, und Du sollst mich pflegen.

*

2. November 1914, nachmittags,
noch immer im selben Loch
Es schießt und schießt, ein paar Tote und Verwundete, aber man sieht nischt, rein nischt.

5. XI. 1914
[...] heute der siebte Tag im Graben; wir sehen aus, buchstäblich wie die Säue; eine Dreckschicht von einem Zentimeter Dicke – unübertrieben – klebt an Mantel, Rock und Hose [...].

*

17. XI. 1914
[...] und über den Krieg schreibe ich nicht einen Buchstaben, und „nach den Kriegseindrücken etwas Großes schreiben" ist ein Schmarrn! Verstanden? Die „Paralyse" zum Beispiel ist etwas Großes!

*

25. XI. 1914
Also der ganze „Refraktair" getippt – schön! Er muß angenommen werden; auch Dein Schreiben an Zeit im Bild – gut.

*

Péronne, den 30. XI. 1914
[...] ich verblöde so langsam, und mein Körper ist wie tot; ich bin mager und glücklich, wenn ich in einer Ecke still liegen und dösen kann [...]. Regen, Kälte, Dreck, Hunger, Schlaflosigkeit vierzehn Tage durch, das macht kapott... ich soll morgen sogar „Gefreiter" werden!

Péronne, Donnerstag, den 3. oder 4. XII. 1914
Befördert werde ich erst Neujahr, da ich kürzlich irgendwann etwas verschlafen haben soll! Karl, nun bin ich satt, voll bis zum Hals, und übermorgen geht das Hungern wieder an; macht nichts, Ostern, spätestens Pfingsten trinken wir Asti […].

*

8. XII. 1914, Schützengraben bei Hardécourt
[...] etwas Kriegerisches: gestern und vorgestern nacht war ich auf Patrouille – als „Führer". Ich bin nämlich kurz offiziell ausgetreten und führe meine acht Mann – demnächst wahrscheinlich als Unteroffizier.

*

Péronne, den 11. XII. 1914
Ich gehe so langsam einer Verblödung entgegen. Man döst so vor sich hin ohne rechten Wunsch und ohne überhaupt einen Sinn. Das einzige ist: Essen! und Schlafen!

*

Maurepas, den 15. XII. 1914
[...] ich bin ab 21. dieses Monats – fall auf den Rücken! – Unteroffizier; wegen mustergültiger Führung einer Gruppe und überhaupt militärischer Tüchtigkeit [...]. Und meiner weiteren Beförderung zum Vizefeldwebel und -leutnant steht nichts mehr im Weg.

10. I. 1915, in den Unterständen
nordöstlich Hardécourt
Sie schießen jetzt verteufelt nahe! Und auch das Briefpapier geht mir langsam aus. Ich habe Hunger, aber – die Hauptsache – in meinen Pantoffeln warme Füße.

*

Combles, den 24. I. 1915
Ich aber werde alt und mag nicht einmal mehr trinken.

*

1. II. 1915, Feldwache bei Ferme Hem
Wenn ich nun Ende Februar Vizefeldwebel bin, werde ich vielleicht sofort Offizierstellvertreter mit einem Gehalt von 200 Mark!!! Und dann schick' ich Dir Geld – ist das nicht wunderbar?

*

Bois de Favrière, den 10. II. 1915
Vorgestern fiel der Doktor D. von einer Granate, der ganze Kopf – weg. Am Abend begrub ich ihn. Karl, Du mußt mir viel Alkohol schicken – [...].

*

20. II. 1915, vor Maricourt
[...] ich wollte mich gerade lustig über mich machen, bzw. mich ärgern über meine „Männlichkeit" – und jetzt will es mir nicht recht gelingen, da man soeben wieder einen Toten hereingebracht hat. Wie müde ich bin, Du glaubst nicht, wie entsetzlich kraftlos in allen Knochen; und schlafen – kann ich nicht. Man starrt apathisch die „Wände" an, bald hat man „Gefühle".

Combles, den 23. II. 1915
Ich bin wütend! Mich Uhu da unter diese Deppen von Leutnants zu ziehen! Und der Hauptmann ist, trotzdem – vielmehr als Universitätsprofessor der allergrößte! Ich rase vor Wut! Und die Kerle denken, mein Schweigen wäre Verlegenheit, und „uzen" mich, und wie ich ihnen eine Pflaume baue, kriege ich eine militärische auf den Hut – zum Kotzen! Ich möchte mich am liebsten versetzen lassen – Geld kriege ich vorläufig auch nicht mehr als 13,30 [...].

*

Bois de Favrière, den 1. III. 1915
Das ganze schreibende Gesindel zu Haus kann man jetzt nicht genug verachten. Und das Gute hat dieser Krieg, daß „wir" alle samt und sonders einen immer wachsenden Ekel vor der Presse und was von „Literatur" drum und dran hängt, haben. Wie man das Geschmeis (oder ß?) verachtet, das uns seine „Gedichte" herauszuschicken sich anmaßt, die es hinter der Tasse Kaffee in warmen Buden zusammenlügt.

*

13. III. 1915
Ich glaube, daß die, die zurückkommen, einen gelinden Ekel gegen die „Literatur" mitgebracht haben, und das ist man gut; denn da ich nicht in Literatur „mache" [...]. Ob Du Dich vielleicht einmal wegen des „Rubin" an den Zwiebelfisch-Verlag wendest? Wir müssen fix arbeiten nachher – verstanden!

Ostersonntag 1915
[...] wovon lebe ich, wir, nach dem Krieg? Soll das alte Elend wieder anfangen? [...] allein von Unzucht werden wir kaum leben können, wir wollen doch auch Asti trinken.

*

24. IV. 1915, Bayernwald
[...] hält man es für einen faulen Witz oder bedauert, daß im Büro keine Stelle frei ist, aber ich will nicht ins Büro, ich will arbeiten, dann schüttelt man den Dummkopf und denkt an Egelfing – was mach' ich da? Ich kauf' mir einen Bismarckhering, braue mir einen Tee und mache ein Sonett oder ähnlichen Quark – das ist ja zum Kotzen [...]. Das einzige ist, daß ich einen Kitsch mal schreibe – soll ich zum Beispiel mal ein „Siegeslied" oder ein „Kaiserlied" singen?
Karl, es ist schlimm, schlimm.

*

Montag, den 25. oder 26. IV. 1915
[...] ich habe von dem, was sich Natur nennt, übergenug. Ich habe kräftige Farben, werde dick und stark und möchte wieder mit einer langen Pfeife an meinem Tisch sitzen und schreiben. Überhaupt möchte ich endlich wieder mein eigener Herr sein.

*

1. V. 1915
Du weißt doch, daß ich keinen „Kitsch" schreiben kann.

Guillemont, den 4. V. 1915
Und in den nächsten Tagen kommt noch eine – verfängliche! – Novelle: „Im Heu". Vater und Tochter! Und die treiben Unzucht im Heu, draußen, wenn es mordsheiß ist. Aber ganz unschuldig und sachlich geschrieben. Als Anfang: „Der Rubin", und als Schlußgeschichte: „Im Heu", das ist nämlich „Mache" und fürs Publikum und die Käufer berechnet.

*

11. V. 1915
[...] nun ist diese reichlich ungenierte Novelle fertig. [...] und Du müßtest inzwischen „Im Heu" lesen und mir Dein Urteil sagen [...]. Sonst taugt sie wohl nicht viel, aber sie soll als der Schluß- und Knalleffekt des „Rubin" dienen. Denn wenn ich „Kitsch" schreibe, soll er wenigstens gepfeffert sein. Vielleicht ist es aber gar kein Kitsch – aber Schluß.

*

Ginchy, ich glaube, den 16. V. 1915
Aber „Im Heu" ist sicher sehr gut. Du, schick mir mal mein zweites Lieblingsbuch: Hölderlins „Hyperion" (Reclam)!

*

bei Curlu [?] 11. VI. 1915
Ich habe eine wunderhübsche Novelle im Kopf [...], bringe es aber nicht über mich, sie aufzuschreiben. Sie heißt „Eva" (natürlich nicht symbolisch, denn das Mädchen heißt Eva!), und es ist viel die Rede darin von roten Mohnfeldern, ganz dunkelblauem Himmel und weißem Kalkstein.

Combles [?], 23. VI. 1915
Die Geschichte mit den Novellen macht mir keinen Spaß mehr; ich glaube, sie taugen nichts – ob übrigens „Im Heu" jemals gedruckt werden kann?

*

27. VI. 1915
Karl, wenn wir Geld haben und am Meeresstrand liegen, rudern wir uns an einen verschwiegenen Ort, allwo wir uns entkleiden, baden und, wenn ich zurückgeschwommen bin, liegst Du unzüchtig im Sand und in der Sonne. Dann aber legst Du Deinen Kopf in meine nackte Schulter, und wir fangen an zu dösen oder eine Novelle zu korrigieren oder ein Gedichtchen und dann [...].

*

2. VII. 1915
„Eva" wird vielleicht doch noch fertig.

*

Hardécourt [?], 31. VII. 1915
Der „Rubin" durfte nicht angenommen werden, da er ein Schmarrn, ein zum Teil geiler Schmarrn ist! Auch die „Paralyse" gefällt mir nicht mehr. Ich glaube, ich habe mich verlaufen und muß mal ein, zwei Jahre ganz solo hoch oben in Norwegen sitzen. Ich bin zu schwül geworden, ich muß kälter und einfacher werden. Ich bin überhaupt gar nicht mit mir zufrieden, irgend etwas ist nicht in Ordnung!

13. VIII. 1915
Ich versuche fortwährend zu schlafen, bis ich Kopfschmerzen habe und die in den entsetzlichen Gräben eine halbe Stunde spazieren führe, um dann wieder von neuem zu schlafen, bzw. Dir diesen Brief und ein kleines, melancholisches Stück an „Eva" weiter zu schreiben.
[...] und mit dir in Schermbeck – das will ich nicht. Ist das nicht das scheußlichste, was man sich ausdenken kann?

*

30.-31. VIII. 1915
Karl, es gibt nichts Ekelhafteres als diese Zeit! Karl, so was – „Hindenburg" – druckt der Inselverlag? Was ist da noch zu hoffen?

*

Hardécourt, 11. IX. 1915
[...] bald bin ich bei Dir, auf Dir, in Dir – und Münster soll der Schauplatz unseres hohen Festes sein! Und du musst todschick sein.

*

12.-13. IX. 1915
[...] jetzt kommt das trockene Auge und das Geld – die Nachricht, daß Dein treuloser Gatte und treuer Geliebter Leutnant geworden ist. Also Geld! Karl, jeden Monat 300 Mark!

18. X. 1915, in der Unterstützungsstelle
zwischen Vimy und Givenchy
Und der „Student" ist sicher verlorengegangen!"

*

28. X. 1915
Karl, wo ist der „Student"? [...] Es stecken zwei, drei Jahre drin, und ich darf ihn nicht verlieren.

*

Douai, den 27. XI. 1915
[...] es gibt drei Möglichkeiten: tot, verwundet, gefangen; kommen also einige Tage keine Briefe mehr zu Dir, so ist gefangen oder verwundet das Wahrscheinlichere; Du mußt darum warten, lange warten und tapfer sein, mein liebes Lieb.
[...] hat unsere Artillerie den Drahtverhau wirklich zerstört – was wir alle bezweifeln –, so kann es vielleicht mit 30-50% Verlusten abgehen; im anderen Fall werden sie noch größer. Im Graben selbst werden wir wieder unter feindlichem Artelleriefeuer stehen und dann ein, zwei Gegenangriffe abzuhalten haben.

*

29. XI. 1915 La folie-Stellung
Wir sind in einer neuen Stellung und ertrinken im Schlamm [...].

2. XII. 1915
[...] der Begriff Dreck bekommt jetzt erst Form für mich.

Méricourt, den 24. XII. 1915
[...] ich notzüchtige wieder die Muse, „Sturm" heißt die Mißgeburt.

*

Méricourt, 26. XII. 1915
Erlaube ich mir aber noch mal, eine solche Geschichte zu inszenieren, so werde ich mit tödlicher Sicherheit fliegen und – welch entehrende Strafe! – werde nach Deutschland zurückgeschickt! Die Sache wird allerdings kriegsgerichtlich verhandelt werden, ich werde aber wohl mit einem scharfen Verweis und einer Versetzung wegkommen.

*

6. I. 1916
[...] „nervenkrank" im Lazarett in Valenciennes!

*

Valenciennes, den 11. oder 12. I. 1916
Karl, was machen unsere Bücher? Bald verlegt? Unsere „Skizzen" oder „Novellen"? Bald gedruckt? Du, vernichte mal schleunigst und radikal das „Gedicht" „1915". Das ist so eine Art Poesie, wie ich sie in gewissen, zehn Jahre zurückliegenden, lyrischen Stimmungen produzierte.

Lippstadt, den 10. II. 1916
Es ist kalt in der Bude, ich werde zum „Tannenbaum" gehen, dann abends baden und im Bett an „Eva" schreiben.

*

Lippstadt, Samstag, den 12. oder 13. II. 1916,
Tivoli
[...] habe schon wieder drei Seiten an „Eva" geschrieben, und da merke ich dann, daß ich denn doch nicht so verblödet bin, wie ich damals schien.

*

Lippstadt, den 17. II. 1916,
[...] trudele ich hier recht trübsinnig und Alkohol vertilgend durch die Straßen Lippstadts bei schauderhaftem Wetter.

*

15. III. 1916
Du mußt mir aber noch schnell schreiben, Karl, wann die Manuskripte an K. Wolff geschickt sind!

*

2. III. 1916
[...] Schuld ist [...] nur die verfluchte Uniform – in den Lokus werde ich sie werfen, wenn der Krieg zu Ende ist. Ja, das ist alles zum Lachen, zum Totlachen ist diese ganze Geschichte.

Lippstadt, den 26. III. 1916
[...] ich habe eine wahnsinnige Unruhe im Leib, ich kann zum Beispiel nicht mehr mir vornehmen: in einer Viertelstunde tue ich das und das – geht nicht, muß es sofort oder gar nicht tun [...] ich bin „seelisch" nämlich sehr herunter [...]. Und deswegen trinke ich auch, lumpe etc. pp.

*

Sonntag, den 14. V. 1916
[...] habe direkt mit Selbstmordgedanken zu „kämpfen", aber keine Bange! [...] Ich will gleich eine Geschichte anfangen, die mir gestern in der Torggelstube einfiel: „Der stille Gast". Doch, am „Refraktair" arbeite ich immer, wenn man auch sehr wenig. Eigentlich muß er unsere Rettung sein, und dann heraus aus Deutschland!

*

31. V. 1916, Amalienstraße
„Eva" ist jetzt ins Reine geschrieben und druckfertig (!), „Refraktair" geht langsam weiter, jeden Tag ein büschen. Ich habe oft Skrupel, daß er völliger Blech ist, heute aber fand ich ihn wieder ganz gut.

*

21. VI. 1916
Ich will jetzt ein büschen die Zeitung lesen und über einen „Kriegsnovellenstoff" nachgrübeln.

24. VI., Amalienstraße
Ich habe die Freude, Dir wieder eine kleine, sehr gute Geschichte: „Der Igelrücken" – wieder in ein paar Stunden hingeschrieben –, zu überreichen. Die Bilanz also dieser ersten sechs Arresttage: „Refraktair" fertig (sechs Szenen neu), zwei Novellen und ein Gedicht.

*

25. VI. 1916, Amalienstraße
Natürlich Karl, die kleineren Honorare bis zehn Mark sind allemal für Dich, bei größeren (!) bitte ich aber, erst anzufragen! Du, der „Refraktair" ist nach dem Urlaub fertig!

*

28. VI. 1916, mittags, Torgelstube
Du, der „Igelrücken" ist bedeutend besser als der „Gast", gehört – wegen seiner Objektivität – mit zu dem Besten, das ich geschrieben habe. Du, tippen! tippen! Ich bin neugierig, was Du zu „Hinter der Front" sagst!

*

30. VI. 1916, Kasernentagesdienst
Du mußt Dich heftiger auf den Vertrieb legen, Karl! Die Dinger müssen fort! Schleunigst fort! Ich sitze ja so wahnsinnig fest, daß ich schon mit dem Honorar dafür rechne! [...] Moral: der Krieg muß bald gar werden, sonst kommst Du mir nach Egelfing. Ansonsten hocke ich wieder mit der gleichen Apathie, Müdigkeit, Wurstigkeit etc. herum wie vor dem Arrest.

Briefe aus Aschaffenburg (Garnisonsdienst) und aus Schermbeck (Urlaub) vom 16. August bis 15. Oktober 1916

15. IX. 1916
Doch, der Titel „Aus dem Tagebuch eines Refraktairs" soll bleiben; „Flieger" können, wenn Du willst, fort bleiben; den Zettel mit der Reihenfolge kann ich [...] nicht mehr finden; nimm die Reihenfolge einfach so, wie sie Dir am besten dünkt. Von K. schwülstige Antwort; von „Tat" und „Rundschau" sehr kühl zurück [...]. Karl, das geht wohl nicht, daß Du „unsere" Schreibmaschine Oktober mitbringst und wir hier am „Studenten" tippen? Er ist inzwischen bis auf die drei letzten Abschnitte fertig geworden. Ansonsten: Hunger, viel Dienst, sehr starker Moralischer und schlechtes Wetter [...]. Karl, ich bin wirklich unglaublich herunter, es war nämlich ein Saufen allergrößten Stils, sinnlos, nur um zu trinken. Natürlich Schulden etc.

*

Schermbeck, den 22. IX 1916
Der Titel soll heißen: „Aus dem Tagebuch eines Refraktairs und andere Novellen von G.S." Nein, die Frankfurter bringt keine Romane mehr.

Briefe aus Rumanien vom 17. Oktober bis 30. November 1916

2. XI. 1916
Abfahrt aus der Garnison – auf der Straße das plötzliche Gefühl des Losgelöst- und Nummer Seins [...]. Nebel, Marsch, Biwak, Gefecht, der Nebel verdichtet sich an den Buchenzweigen zu fallenden Tropfen, Flechten, Kolchisartiges Land – Grillparzers „Medea" vorher lesen! – Gräber hier [...]. Ich bin brav mager, dreckig und hab' einen Bart.

*

11. XI. 1916
Die Reihenfolge des „Rubin" habe ich Dir auf der vorigen Karte mitgeteilt. (Für „Im Winter" und „Im Regen" gemeinsam „Capriccio".) Nicht überarbeiten am „Studenten"!

*

Buiscenestiu (Argesultal), den 25. XI. 1916
[...] ich laufe so mit ihnen mit, ich esse mit ihnen zusammen und spreche am Tag drei Worte mit ihnen, ich nehme an, sie wissen nicht, was sie von mir halten sollen, ich bin so zwischen sie hineingeschneit [...].
[...] wir glaubten damals, wir könnten diesen Krieg nur im Trinken ertragen, aber nun trinke ich schon lange nicht mehr, ich schüttele nicht mehr den Kopf über den Wahnsinn der Welt, ich döse in den Nebel und den Schmutz und lasse beide meine Heimat sein.

Aus dem Novellenband *Der Rubin* (2) (1913-1914)

Im Heu

Es ist Juli, und in dem weiten Kessel liegt die Sommerglut so heiß, so drückend schwül und heiß, daß die bewaldeten Ränder dieses Kessels in der milchigen Bläue des Himmels schier verschwinden, so zittert und bebt die Luft vor ihnen auf und nieder. Und in dem Kessel steht weder Baum noch Haus, es ist eine glatte, wie auf einer Töpferscheibe gedrehte Mulde, von deren Rand sich Ackerstück an Ackerstück, Vierecke an Vierecke in nicht ganz konzentrischen Kreisen, in nicht ganz radialen Streifen in die Tiefe ziehen – gleißend gelbe Roggenfelder, bräunliche Kartoffel-, buntscheckige Buchweizen-, hellgrüne Haferfelder, in der Mitte aber, in dem Tiefpunkt der Mulde, liegen die Wiesen, so fette grüne Wiesen, daß auf ihnen sogar die Sumpfdotterblumen und schwarzpurpurnen Sumpfblutaugen wachsen mögen; aber grau wie ein ungeheurer Flechtenbelag sind die Wiesen heute anzusehen, und ein betäubender Geruch, ein süßer Geruch von welkem Ruchgras steigt von ihnen zu den Rändern des Kessels hoch. Die Dichter würden sagen, blutige Sensen haben Milliarden Kinder Floras hingemordet, aber es ist nur Heu, gutes, saftiges Heu, das da unten in der Mulde zum Trocknen liegt, und ein berauschender Duft. Und mitten in diesen betörenden Klee- und Thymiangerüchen, mitten in dem ungeheuren Kessel von Schweigen und Glut bewegen sich zwei Menschen hin und her, und blicktest du von der Höhe und dem schattigen Waldsaum herab, so würde es dich anmuten, als ob dort unten zwei winzige Magnete sich anziehn und fliehen, anziehn und fliehn.

Es ist der Bauer Buchenkamp, der da oben hinter dem Walde im Osten seinen Hof hat, und seine Tochter Marie. Er – fünfundvierzigjährig, groß, hager, in seinen Augen, die nicht gemacht sind, in eine idealistisch verbrämte Weite *alias* Tiefe zu sehen, liegt eine herbe Grausamkeit, und in seinen Armen, die sich niemals jubelnd verzückt ausgebreitet haben, ist eine arme Eckigkeit; aber sein Haar ist stark und sein kurzer Bart dicht und kraus. Er ist Witwer, denn seine Frau ist im Kindbett gestorben, und seitdem liefen fünfundzwanzig Jahre ins Land, fünfundzwanzig Jahre ohne Liebe und ohne Genuß – wenn es überhaupt einen anderen Genuß als die Liebe gibt und wenn man das satte Ruhen nach schwerer Arbeit und das Bewußtsein des Erfolges schwerer Arbeit nicht als Genuß gelten lassen will –, denn von den Hanswurstgenüssen der Ästhetik und Philosophie konnte bei Buchenkamp nicht die Rede sein. Im übrigen ist er geachtet im Lande, und seine Knechte und Mägde nennen ihn einen guten Herrn. Und sie – fünfundzwanzigjährig, fünfundzwanzig Jahre ohne Liebe und nur mit dem einen Genuß des Ruhens und verträumten Sehnens, wenn man ein solches verträumtes und sich selbst befriedigendes Sehnen nicht als den feinsten Genuß bezeichnen will. Und beide lebten in Arbeit und einer flachen Wunschlosigkeit, die ihnen aber als solche nicht zum Bewußtsein kam. Mariens Liebesleben übrigens den sie zahlreich umwerbenden Burschen gegenüber bestand in einem lässigen Dulden einiger bäurischer Handgreiflichkeiten, die sich so regelmäßig wiederholten, wie die Feste und Wallfahrten kamen; von etwas anderem oder gar einer bestimmten Neigung war nicht die Rede, aber ihr Haar ist schwer und feuerrot, und ihre Brüste sind üppig und breit.

Und die ruhelose Arbeit geht fort, denn der glühende Tag muß ausgenutzt werden, und die Wiese ist groß und sie nur zu zweit, um mit langen Rechen die duftende

Überfülle hin und her zu wenden, sie in langen, flachen Reihen aufzuhäufen und diese immer wieder umzuschichten, damit die Sonne auch den letzten Tropfen Lebens, aus den Halmen zieht; es ist eine lustige Arbeit, die Augen blinken, und die Röcke fliegen. Und wenn sich Vater und Tochter begegnen, lachen sie sich an. „Es ist heiß, Marie." – „Ja, Vater, es ist heiß."
Aber es ist eine Lustigkeit eigener Art, eine Lustigkeit, die tiefer sitzt, und die Blicke, durch die sie spricht, haften seltsam aneinander, denn es ist stickend heiß, die Luft ist schwer von Duft, und die Körper, die da wie im glühen Raume hin und wider kreisen, brennen vor Glut und Schweiß, und darum ist ihre Lustigkeit eigener Art, denn die Augen leuchten nun nicht mehr, sondern glänzen starr und stumpf vor sich hin, ins Weite, einer am andern vorbei – sie fiebern, und das Blut hämmert in den Schläfen.
Es ist stickend heiß, und die Milliarden aufgewirbelter Staubpartikel der toten Gräser machen die Kehle trocken und lassen die Augen schmerzen, und der Schweiß fließt. Er fällt in dicken Tropfen von der Stirn und rinnt kühlend die Brust herab; er bricht aus allen Poren aus, daß die ganze Kleidung, Hemd und Rock, am Leibe klebt. „Es ist heiß, Vater." – „Es ist heiß, Marie", und sein Blick klebt an ihrer Gestalt.
Da lassen sie die Rechen fallen und entledigen sich der Kleidung, so weit sie sich ihrer entledigen können, und arbeiten fort und wenden und harken und wenden, nähern sich, entfernen sich – alles bis auf Hemd und Rock hat sie fortgeworfen, und wirbelt sie nun einen Ball der glühenden Halme gegen ihr pralles, oft bis über die Knie entblößtes Bein, so steigt ein wildes Prickeln fiebernd an ihrem Leibe hoch. Und sie fühlt, wie er – denn sie sagt in Gedanken „er" –, wie er ihr folgt, wie sein Blick auf ihrer halben Nacktheit liegt, deren strotzende Fülle das eng am Leibe liegende Hemd kaum umfassen

kann; sie fühlt es, aber sie hat nur das eine Gefühl: es ist mir gleich. Und es ist ihr gleichgültig, daß er mit einem Ruck sein Hemd vom Körper streift und sich auf den Rechen stützt und sie mit langem Blick betrachtet, während sie die Hand unter ihr Hemd führt, um das feuchte Tuch von ihrer Haut zu lockern, und es ist ihr gleichgültig, daß sie beim Zurückziehen ihrer Hand die Brust entblößt; sie verhüllt sie nicht, sie fährt streichelnd über die pralle Fülle und enthüllt sie ganz und atmet tief, wie sie sich unter einem leichten Lufthauch kühlt und strafft. Aber ihren weitausladenden Armbewegungen und den ruckhaften Bewegungen der rechten Schulter unter dem feuchten Hemd dürfte die Neugierde zugrunde liegen, ob es ihr nicht gelingen möge – und es gelingt, denn nun quillen ihre beiden Brüste nackt aus dem Hemd hervor. Ihr Blick aber fängt an, den seinen zu suchen und zu meiden, wie sie ihn aber zum zweitenmal gefunden hat, läßt sie den ihren langsam an ihm niedergleiten; bis er plötzlich vor ihr steht und neben sie tritt, scheu, mit gesenktem Blick.
Dann aber legte er seinen Arm um ihre Hüfte – „Marie!" – und ging mit ihr fort, geradeaus, ins Blaue hinein; und seine schwielige Hand tastete wie verstört, wie verzückt über die Fülle ihrer Brust. Sie finden kein Wort, aber es genügte ihnen, daß sie ihre Hüfte an die seine schmiegte. An einer kleinen Bodenwelle legten sie sich nieder; ihr Hemd ist tief geöffnet, und ihre Nüstern sind gebläht, und brandrot leuchtet ihr Haar, ihr Blick aber flackerte lechzend in den Himmel, in die Sonne, irgendwohin; und da ihre Bekleidung nur aus einem Hemd und einem knielangen Rock bestand und da sie sich so niedergelassen hatten, daß er am Grunde der kleinen Bodenwelle lag, auf deren Höhe sie mit hochgezogenen Knien ihm gegenübersaß, bot sie ihm freigebig den unbehinderten Anblick ihres letzten Reizes dar. Er aber vermochte dieser Lockung nicht zu widerstehn, sondern warf sich vor ihr

nieder und streifte ihr, während sie sich hintenüber fallen ließ, mit einer Zartheit der Bewegung die man dieser verarbeiteten Hand nicht zugetraut hätte, Rock und Hemd bis über den Leib hoch und preßte seinen Kopf in ihren Schoß.

Als sie aufwachten – denn die Sonnenglut hatte sie bald in einen tiefen Schlaf gedrückt –, war die Luft klar geworden, klar hob sich die bläuliche Linie des Waldes an der Höhe gegen den nun schon wieder dunkelblauen Himmel ab, und ein ferner turmgekrönter Berg drohte mit seinem Finger in die Luft, während im Osten ein Wolkengebirge aufgetürmt war, das, wie von seiner eigenen Schönheit berauscht, unverändert, unbeweglich stillstand. Denn als die Sonne im Westen hinter den Horizont gefallen war, verschwand die dunklere Nachmittagsbläue des Himmels und ward zart rosenrot, welche Färbung aber im Osten einer violetten wich, der im Westen eine leise meergrüne gegenüberglummte; in jenen violetten Dunst hinein aber hatte sich das Gebirge aufgebaut. Da waren zuvorderst drei Türme, als hätte eine Hand von oben drei Riesensäulen eingepreßt, aber elastisch bäumten sie sich in üppigen Windungen gegen den Druck hoch, gleißend weiß, die Schatten der Windungen bläulich rot und ihre stolzen Ränder rot wie die Blätter der Hagebuttenrosen; hinter ihnen jedoch starrten zerrissene Klippen, zahllos, rot wie Korallen und zerklüftet und steil wie die Riffe eines Dolomitenstockes empor, schieferblau und wuchtig fielen die Schatten der drei Säulen hinein in dieses tiefe Felsengewirr; aber hinter allen und alle überragend lag weit fern, so fern, daß die Schatten der Säulen und Dolomiten nur auf dem krausgewellten Fuße dieses Berges lagen, eine Bergkuppe, majestätisch geformt wie der Gipfel des Kilimandscharo; die war flamingorot und stach mit ihrer unsäglichen Reinheit blendend ab von dem violetten Dunst des himmlischen Hintergrundes. Und unbeweglich stand

dieses Gebirge, so vollkommen, so vollkommen wie das Glück selbst.
Aber sie sahen es nicht, sie sahen auch nicht den Glanz, den die Röte des Abendhimmels über ihre Glieder gebreitet hatte; sie sahen nur ihre derbe Nacktheit, fühlten ihre wollüstige Müdigkeit und sagten sich, während ihnen ein wenig die Sinne schwindelten, daß alles dieses Nackte ihnen zugehörte; im übrigen aber sahen sie nur, daß eigentlich für heute die Arbeit nicht getan war: Für solche Menschen ist eben ein Wolkengebirge nicht da, sie sind eben zu dumm. Aber sie müssen es doch in sich aufgenommen haben, so daß es in ihnen weiterwirkte, denn sie ließen die Arbeit liegen, kleideten sich an und gingen Hand in Hand, schweigend wie Verliebte, heim.
Da entbrannte über ihnen der Himmel in einem roten Leuchten, und das Gebirge im Osten blähte sich stolz, und düsterrot-still ward die Welt, denn es gab keinen Klang für sie, keinen Ton, in dem sie ihre Schönheit zusammenreißen und in einer Fanfare in das Nichts hätte austönen lassen können. Aber die beiden Menschen trieb die Heiligkeit dieses Schweigens wie mit roten Ruten heim, so daß sie hasteten und eilten und atemlos in ihren Hof sich retteten.
Vom nächsten Tage an, denn in dieser Nacht lagen sie irgendwo, bezogen sie ein gemeinsames Schlafgemach und lebten zusammen wie Mann und Weib. Als aber der Herbst kam, der die Folgen ihres Verkehrs sichtbar machte, und es ihrer Sinnlichkeit nicht einfiel, dieses zu verbergen, denn sie ließ vielmehr ihre veränderte Gestalt als immer heftigeren Reiz und neue Lockung wirken, gelang es irgendwem, den Arm der Justiz auf ihn zu lenken, und nur in letzter Stunde vermochte er diesem durch einen raschen Selbstmord in den Weg zu fallen. Sie aber duldete es nicht, daß die Verzweiflung sie übermannte, sondern ließ ihre Frucht reifen und brachte zu ihrer Zeit einen Knaben an das Licht der Welt. Und da

der Vormund dieses Kindes ein Rechtsanwalt war, der folglich anderes zu tun hatte als uneheliche Kinder zu erziehen, überließ er ihr die Erziehung ihres Knaben, den sie nach dem Vorbild ihres Vaters zu einem Bauern und in geeigneter Stunde zu einem zweiten Ödipus erzog; aber sie gebar kein Kind von ihm, ihr Anwesen wuchs, und sie starb nach langen Jahren geachtet und geliebt und verrufen als die blutschänderische Schlußfigur dieser absichtlichen Geschichten.

Aus dem *Tagebuch eines Refraktairs* (1914-1916)

Hinter der Front

Es ist der erste Januar, und die Tage, Wochen, Monate vorher waren nichts als ein Waten in schlammigem Wasser und knietiefem Schlamm; jetzt wird es gleich Morgen sein. Vor einer Stunde verließ ich die Stellung, ging noch einmal die Gräben durch, die Sappen ab und watete, turnte und rutschte dann durch einen zerfetzten Wald in die Mulde hinunter, die der morgendliche, mittagliche und abendliche Sammelplatz der feindlichen Brandgranaten war, die hier in Ermangelung besserer Ziele dreimal täglich unsere Essen und Material tragenden Mannschaften suchten; torkelte ein paar Mal in die charakteristischen flachen Löcher, die sie aufzureißen pflegen, werfe mich einige Male platt auf den Bauch vor einem der heransingenden Stänker – denn sie verbreiten bei ihrer Detonation einen widrigen phosphorweißen und phosphorartig riechenden Rauch –, wate durch Schlammbäche, zu denen die Wege der auf und nieder steigenden Kolonnen geworden sind, mühsam, mühsam weiter, durchschreite ein in groteske Trümmer zerblasenes Dorf und bin nun außerhalb des gewöhnlichen Feuerbereichs – auf einer breiten, prächtigen, mit hohen Ulmen bestandenen Landstraße gehe ich fürbaß. Aber ich habe noch Zeit, ich setze mich an den Straßengraben, in hohes fauliges Gras, den Rücken müde an einen Ulmenstamm gelehnt. Und die Hände auf den Stock und den Kopf auf die Hände gestützt, schaue ich in die Nacht. Dort vor mir der dunkle, sich schwach gegen den mit drei schweren Wolkendraperien verhangenen Himmel abhebende Strich ist die Höhe, in der ich nun gerade ein Vierteljahr meines Lebens verbrachte und die für wie viele von uns, die wir an einem schwülen Oktobertage unter dem hohlen Paukenkonzert des französischen Durchbruchsfeuers zum ersten Mal hier anrückten, das Grab geworden ist. Leuchtgranaten fauchen unhörbar hoch, in einer wunderbaren, dunkelrot glühenden parabolischen Bahn, platzen in einem kleinen Feuerregen, der langsam in die Nacht vertropft, und lassen nun ihre stechend weiße Kugel in zierlichen Spiralen sich zu Boden schrauben – minutenlang stehen sie oft über dem ruppigen Wald wie ein strahlender Stern. Fernher, weit hinter dem Höhenrand leuchtet feindliches Mündungsfeuer hoch, blitzartig, dunkelrot, ein, zwei, drei, viermal – und weit rechts leuchtet es bald wieder kurz und blutrot auf, ein, zwei, drei Mal, der vierte ist ein Versager und bohrt sich patschend in den Grund; und langsam schlafe ich ein. Und sitze in einem Flugzeug, der Propeller wird angeworfen, langsam wippt und – wippt der Apparat, es scheint, er kann nicht hoch – jetzt geht es hoch und langsam, schnell, schneller, rasend schnell fall ich in die Tiefe und bin in einem unterirdischen dunklen Gang, an dessen Wänden stehen Säcke mit irgend welchem Metall, und von der Decke fallen ab und zu leise Tropfen, die sind seltsam warm und klebrig, wenn sie Hand und Nacken treffen – und von ganz fern her leuchtet ein ganz schwaches gelbes Licht. Und ich gehe weiter, immer geradezu, jetzt muß ich mitten unter den beiden Stellungen sein, mitten unter den Drahtverhauen und Toten; wenn mein Fuß an einen der Säcke stößt, klingt es metallen – wie Gold. Und es tröpfelt weiter, immer weiter, immer stärker, da sehe ich: auf meiner Hand ist Blut! Aber wie ich schaudernd hochblicke, stehe ich plötzlich vor dem gelben Licht und um mich, auf roh gezimmerten Schemeln sitzen vier Gestalten und zählen Geld, aus einer Truhe in die andere zählen sie lautlos goldenes Geld. Lange stehe ich und sehe ihnen zu

– sie sehen mich nicht, sie zählen – und in meinen Augen beginnt die Gier zu flackern, da durchstößt mich ein stechender Blick, grün und eisig wie der einer Schlange, geht an mir herunter, durchbohrend, vom Kopf bis zu den Zehen, dann bleibt er lange an meinen Stiefeln haften und seine Brauen verfinstern sich; dann wandert er weiter und bleibt an meinen Hosen, meinem Koppel, an meiner Pistolentasche kleben wie Pech. – Jetzt steht er auf, und meine Kleidung erstarrt zu Eis; er legt den Kopf auf die Seite, ein Tropfen Blut patzt von oben auf seine Wange und rinnt langsam in einem langen Streifen herab, er faßt den Zipfel meines Rockes, wendet ihn, reibt prüfend das Futter mit seiner blutbesudelten hageren Hand – und setzt sich wieder hin, streift noch mit seinem Schlangenblick mir flüchtig Mütze und Gesicht, und sein Mund verzerrt sich zu einem höhnischen Grinsen. Langsam taut meine Kleidung wieder auf, und ich blicke mich um. Es ist, als wäre ich nicht mehr da, ihre Blicke sind starr auf ihre Hand gerichtet und zählen das goldene Geld; bleich sind diese Gesichter, bleich wie Wachs, die haben kein Alter, und ihr kurzes Stoppelhaar verrät mir nichts; und nichts verrät mir ihre Stirn, die ist flach wie die eines Frosches, und ihr blutloser lippenloser Mund, der ist breit wie der einer Kröte; ihre Brust ist hohl, ihre Glieder verdorrt und ohne Kraft, aber in ihren Backenknochen sitzt die Kraft und in ihren Kiefern liegt die leibhaftige Brutalität, und ich glaube für einen Augenblick Gesichter wiederzuerkennen, die ich einmal in Zeitschriften gesehn – aber ich sehe nur das Blut, Stirn, Kopf, Wange, Nase, Mund, Hand und Gewand ist über und über besudelt mit Blut – von der Decke, aus der nackten Erde tropft es nieder, ohne Ende, ohne Ende und zwischen den sickernden Tropfen quetscht sich aus der schwarzen Erde das rote Gold und fällt langsam, klack! klack! klack! in ihre geöffnete Hand, ohne Ende, ohne Ende fällt das Gold;

und rollt eins unversehens zur Erde, so fahren vier Köpfe wie der Blitz auf die Erde, die hageren Hände rascheln, klappern und fahren wie Krallen und wütende Schlangen durcheinander, mit giftigem Zischen fauchen ihre Gesichter sich an, und weiter klackt das Gold und weiter tropft das Blut. Aber rasselnd wie eine Kette von Donnern reißen nebenan ungeheure Winden Geschütze und riesige Körbe hoch, rauschend stürzen neben ihnen unendliche Ströme gelben Getreides und brüllende schreiende Käfige Viehs in den Grund, während in trägen Pausen eine Liliputwinde magere Säcke hebt und ein Liliputkran ein quäkendes, ängstlich brüllendes Rind in die Höhe zerrt – und reichlicher klackert das Gold und reichlicher sickert das Blut. Und die Gestalten zählen, zählen, unberührt, wachsbleich und blutbefleckt. Und langsam, langsam, mit schielendem Blick nähert sich meine Hand dem lockenden Gelb – da zischt es, als zische die Brut der Hölle mich an, acht Geierkrallen schlagen sich in meine Brust und reißen und zerren in teuflischem Gezänk – jetzt halten sie mein Herz, jetzt pressen, pressen sie es in ihren Krallen bis auf den letzten Tropfen langsam, langsam aus – jetzt werfen sie es wie einen leeren, braunen Beutel fort – ich erwache, ich bin hingesunken und mein Kopf liegt in dem nassen Gras.
Müde blicke ich mich um, Gewehrschüsse platzen hie und da dumpf in das Nichts; fern, ganz fern rumort ein Gefecht – aber es wird hell, eine fahle Helle liegt im Osten, ohne Morgenröte kommt der Tag, und ich gehe meinen Weg.

Nachwort

Ich bin theoretischer Anarchist, richtiger Egoist, in erkenntnistheoretischer Beziehung Solipsist – ich verdamme den Krieg, ich bin nicht dazu da, um mit meinem Blute die Unfähigkeiten der Diplomaten gut zu machen – ich bin Künstler, der Krieg aber ist Spekulation, Kaufmannssache, Fürstensache – [...] Mein Leben ist auf dem aufsteigenden Ast, verlöre ich es jetzt, so wäre es ein kleiner Anfang und ein großer Unsinn gewesen.

Refraktair, GW II, S. 86

Ich bin der eitelste Mensch, einer der am bewußtesten schreibt und am affektiertesten seine Sätze baut, einer der immer sich selbst zuhört und nicht müde werden mag, nach dem Klange seiner Worte die Ohren zu spitzen, einer der mit jeder Silbe kokettiert, weil er nicht anderes hat, womit er liebäugeln könnte.

Paralyse, GW I, S. 447

Im vorliegenden Lesebuch werden die Werke Gustav Sacks erstmals nicht nach Gattungen, sondern chronologisch geordnet. Auch die Briefe und Tagebuchnotizen des Autors wurden in eine zeitliche Abfolge gebracht. Dem Herausgeber ist dabei bewusst, dass eine solche Anordnung Probleme birgt. Besonders deshalb, weil Sack seine Werke immer wieder überarbeitet hat und oft nach Jahren wieder vornahm. Allerdings sind bestimmte „Hauptarbeitsphasen" auszumachen, die auch in seiner Werkausgabe als solche benannt sind. Der Vorteil der chronologischen Textwiedergabe besteht darin, dass eine Art Werktagebuch erkennbar wird, das Rückschlüsse auf die Schreibsituation, Schreibkonstitution, ja Schreibkonfusion Sacks erlaubt.
Die Textgrundlage bildet die noch immer maßgebliche, von seiner Ehefrau Paula Sack herausgegebene Werkausgabe aus dem Jahre 1919 im S. Fischer Verlag.

Gustav Sacks Werke werden zu den „wichtigsten und bedeutendsten Dokumenten" seiner Zeit gezählt, er selbst sei eine der „eigenständigsten Begabungen" des Expressionismus. Seine Prosa sei „seit Jean Paul und Nietzsche die denkbar beste", und „seit Georg Büchner [sei] nichts an innerer Sprengkraft Vergleichbares in der deutschen Literatur auf[ge]flog[en]"; so sei es legitim, ihn in die Ahnenfolge der „mächtigen Skurrilen von Raabe zu Kafka, Britting und Robert Walser" einzureihen; als Pionier des „modernen Erzählens" wird er in die Nähe von Robert Musil, Franz Kafka und Max Broch gerückt; es ist ihm vergönnt, in einem Atemzug mit Georg Heym, Georg Trakl, Theodor Däubler, Arno Holz, Else Lasker-Schüler, Rudolf Borchardt, Alfred Mombert und Karl Kraus genannt zu werden; als „glaubensloser Metaphysiker" wird er mit Gottfried Benn, Dostojewski und Nietzsche verglichen; Theodor W. Adorno stellte ihn wegen seines Erzählstandpunktes an die Seite von Proust; Thomas Mann bezeichnete sein Romanfragment *Paralyse* als „packender, als so manches Vollendete". Analogien werden bis in die unmittelbare Gegenwart gezogen. Sacks Lebensgefühl, sein zynischer Umgang mit dem Wort und seine antibürgerliche Haltung ließen eine Verwandtschaft mit Poeten der amerikanischen Beat Generation wie Allan Ginsberg oder mit Rolf Dieter Brinkmann erkennen. Im regionalen Kontext wurde sein Roman *Ein verbummelter Student* neben Adolf von Hatzfelds *Franziskus* als „der" westfälische Roman des 20. Jahrhunderts bezeichnet (zur Wirkungsgeschichte vgl. zusammenfassend Hellmut Scheffler: *Gustav Sack 1885-1916. Leben und Werk des Schermbecker Dichters im Spiegel der Literatur*. Bd. 1. Schermbeck 1985. Bd. 2 ebd. 1991 sowie Dieter Sudhoff: *Die literarische Moderne und Westfalen. Besichtigung einer vernachlässigten Kulturlandschaft*. Bielefeld 2002, S. 95-136).

Und doch und trotz all dieser Beteuerungen: Gustav Sacks Werk ist heute so gut wie unbekannt und vergessen.
Gustav Sack, der 1885 in Schermbeck bei Wesel geboren wurde, war ein radikaler, ein existentieller, ein exzessiver und dadurch auch ein sperriger, widerspenstiger Autor. Jemand, der alle Merkmale auf sich vereinigt, kein Massenautor seiner oder heutiger Tage zu werden. Ein Autor, der fast nur ein Thema kannte: sein „Ich" in vielfacher Variation und Aufsplitterung. In fast jedem seiner Werke ist dieses „Ich" auf fast pathologische Art und Weise präsent. Sack konnte und wollte nicht anders als subjektiv schreiben. So erläutert er mit Bezug auf seinen zweiten Roman *Ein Namenloser*:

> Wie Sie sehen, wieder subjektiv. Das ist nun wohl einmal ein Fehler vieler „Erstlingsromane", würde aber bei mir wohl immer so bleiben, und ich müßte mich nach Schopenhauer mit dem Dichterrang II. Klasse begnügen. Ich mag aber, vielmehr, ich kann nicht anders schreiben und suche aus der Not eine Tugend zu machen. Den Vorteil hat übrigens die subjektive Art, daß sie die Diktion leidenschaftlicher macht.
> Brief an Paula Harbeck vom 13. Dezember 1912

Im Werk Sacks wimmelt es von Selbstbekenntnissen, die der Autor seinen Protagonisten in den Mund legt. Seine Lyrik kommt dem gellenden Aufschrei einer gepeinigten Seele gleich. Ein Autor also, der die Übereinstimmung von lyrischem und biographischem Ich zu seinem literarischen Hauptprogramm auserkor. Dies rechtfertigt die Aufnahme zahlreicher biografischer Zeugnisse in das vorliegende Lesebuch. Oft gehen, wie bei den Briefen, Biografisches und Literatur fließend ineinander über.
Zugleich ist Sack ein metaphysischer, um Erkenntnis ringender Vagant, der sich an philosophischen Fragen nach der letzten Erkenntnis zermarterte. Seine Romane *Ein verbummelter Student*, *Ein Namenloser* und das Romanfragment *Paralyse* wollte der Autor als Stufen seiner

„Selbstbiographie" aufgefasst wissen. Sie bilden ins Leere laufende „Trümmerfelder seiner Denkoperationen" (Georg Jünger). Der Weg führt von der Überwindung eines mythisch verbrämten Idealismus über den Versuch, Erkenntnis in triebhaftem Rausch zu finden, bis zur höchsten Objektivierung der Welterkenntnis, in der Wahnsinn, Tod und ekstatisches Glücksempfinden eine untrennbare Einheit bilden.

Schreiben war für Sack Selbsttherapie. Er schrieb wie im Rausch, um sich abzukühlen. Er wollte seine Gefühlswirren und Temperamentsausbrüche neutralisieren, Distanz gewinnen. Zeitlebens verfolgt er ein radikalsubjektivistisches Konzept: „Ich bin kompliziert und suche deswegen das Nichtkomplizierte", heißt es an einer Stelle des *Namenlosen* (*GW* I, S. 310). An einer anderen:

> Meine Kompliziertheit, das ist nichts als Schwäche und – atavistischer – Ärger über diese Schwäche und das Überwinden-Wollen dieses Ärgers dadurch, daß ich mich vor mir selbst entschuldige, indem ich die Ursache meiner Schwäche in einer Vererbung oder im Zeitgeist sehe.
>
> *GW* I, S. 311

Gemeinsam ist seinen Weltentwürfen: Sie antworten auf eine vom Autor als hochgradig sinnlos eingestufte Gegenwart. Sack lässt keine Gelegenheit aus, seine Wut gleichsam herauszuschreien. Zielscheibe sind dabei die anonyme „Masse" mit ihrer „Affenmeinung", ein ignorantes Kleinbürgertum, wie er es aus seinem Heimatort Schermbeck kannte, ebenso aber auch die bourgeoise Verlogenheit und indifferente Sentimentalität der Stadtbewohner.

Einem selbstgefälligen Intellektualismus schleudert Sack im Roman *Der Namenlose* die Worte entgegen: „Ich pfeife auf das, was sich Geist nennt! Das ist Lug, Mittel, Dunst [...]. Lieber verroht als vergeistigt" (S. 287). Er sehnte sich in unbelebte Landschaften, in Wüste, das

ewige Eis oder ins Hochgebirge, in skandinavische Heidegegenden usw.
Unzählbar sind seine Invektiven gegen das in seinen Augen korrumpierbare und „feige" „Literatengesindel", gegen das er polemisch zu Felde zieht:

> Aber nun seht euch diese Helden an, diese Ich-Romane, die keine sein wollen, diese verschämten Selbstschilderungen mit Schönheitspflästerchen! Dieses verzwickte Steuern zwischen Wohlanständigkeit und pastoraler Pikanterie, dieses verzweifelte Lavieren zwischen Staatsbürgertreue und Fortschrittsdusel. Ich begreife nicht, wie ein Dichter von der Pracht eines flammenden Sommertages, von der Schönheit seiner Geliebten und der Tiefe seines Glückes reden kann. Wer etwas glühend beschreibt, der hat es noch nicht, der ist noch ganz trunken von ihm [...]. Mein ganzes Dichten dürfte nichts sein als ein Objektivieren und Zu-überwältigen-Suchen trüber Stimmungen; aber, will und muß ich mich einmal berauschen, dann bin ich im Sommer selber Sommer, dann gehe ich in der Schönheit meiner Geliebten und Tiefe meines Glückes restlos auf, dann genieße ich ein rauschendes Meer und einen glühenden Sommertag bis in die feinsten Fasern, da bleibt gar kein Raum, sie durch Worte, die jeder Oberlehrer in den Mund nimmt, zu profanisieren. Was sind mir dagegen unsere Reime und Rhythmen und eure klimpernden Wortpoesien! Dichterei um der bloßen Form willen und der Zurschaustellung des eigenen Könnens, das ist Handwerkerware, das benebelt nur und schlägt die Langeweile tot, das berauscht ja nicht, denn es nicht aus dem Rausch geboren.
>
> *Der Namenlose, GW I, S. 223*

Ebenso heftig sind seine Aversionen gegen einen Staat und eine Gesellschaft, die ihm den Zwang auferlegen, sich ein- und unterzuordnen: Sack war zum Kriegsdienst verdammt mit all seinen mörderischen Konsequenzen. Eines von vielen repräsentativen Briefzeugnissen lautet:

> [I]ch will über mein Leben selbst bestimmen und gebe einem imaginären Ding „Staat" nicht das Recht dazu, dem

Staat, von dem ich bisher nichts kenne als Polizeistrafen, Gerichtsvollzieherkosten und – Ablehnung von Novellen, weil sie das bourgeois-Volk, das ist den Staat, in seinem Schamgefühl verletzen könnten; weiter habe ich keine Lust, mich von übelriechenden Massensuggestionen unterkriegen zu lassen, ich habe kein Verlangen, mich dem beliebigsten Idioten gleichgestellt zu sehen als Vaterlandsverteidiger, von dessen Verteidigung Geschützfabriken und Spekulanten letzten Grundes den einzigen Vorteil haben; ich lasse mich nicht von dem beliebigsten Leutnant – denn ich trete als ganz gemeiner Musko ein –, mit dem sonst, als Mensch, zu reden mir überhaupt nicht einfallen würde, als ein Stück willfähriges Fleisch behandeln, das keinen eigenen Willen mehr hat – ich bin kein Kanonenfutter! Ich würde eine Feigheit und Lüge gegen mich begehen, wenn ich für ein Vaterland, das ich nicht kenne, in den Krieg ginge, nur aus Angst, nicht als Deserteur oder Feigling zu gelten [...].

Brief an Paula Sack vom 12. August 1914

Im „wirklichen" Leben legte er ein typisches Geniegebaren an den Tag, das freilich nichts mit einem überspannten Dandytum gemein hatte. Er ist pöbelhaft draufgängerisch, unzähmbar, gehetzt, triebhaft; er sucht im Rausch, in der Betäubung und in der Geschlechterliebe Erfüllung – und wird immer wieder unbefriedigt auf sich selbst zurückgeworfen. Mit seinen militärischen Vorgesetzten überwirft er sich und beraubt sich damit fast der ihm offen stehenden Möglichkeiten eines beruflichen Aufstiegs (er bringt es vom gemeinen „Musko" zum „Leutnant"). Sein literarisches Talent verschleudert er, weil er nicht bereit ist, Kompromisse einzugehen und sich mit dem damaligen Literaturbetrieb zu arrangieren. So kann er zu Lebzeiten nur einige wenige Texte in Zeitschriften unterbringen. An eine Veröffentlichung seiner Romane ist gar nicht zu denken. Seine Verzweiflung wächst. Im selben Maße nimmt aber auch sein wütendes Streben nach Erfolg und Anerkennung zu. Es entlädt sich in einem unbändigen Fleiß.

Hinzu gesellen sich Selbstzweifel. Er verspottet, verhöhnt sich selbst. „Wollte nur erst der berühmte Glaube an sich selbst kommen!", heißt es in einer typischen Phase der Depression im Brief an Paula Harbeck vom 13. Dezember 1912. Immer wieder ist er von der Angst erfüllt, selbst jenen „Kitsch" zu schreiben, den er bei anderen so radikal ablehnt (s. u.). Zeitweilig will er Gedichte und Novellen, aber auch das Romanfragment *Paralyse* den Flammen übergeben.

Das ewige „Auf und Ab" seiner Gefühlsintensitäten fasste Sack in die Worte:

> Ich bin so oft berauscht gewesen, wie der Schaum am Champagnerkelch war ich trunken; und war nüchtern wie der Fisch im kältesten Bergbach; ich habe gehaßt mit der Ausschließlichkeit und Wucht des sinnlosen Triebes und habe in wissenden Stunden diesen Haß glühend genossen; ich habe geliebt mit der brutalsten Gier und ein anderes Mal mit dem delikatesten Bewußtsein und Selbstgenuß; ich bin großzügig gewesen wie ein Tor und neidisch wie ein hungriger Hund, ich habe in einigen kurzen Minuten rauschlos in einem purpurnen Strudel des Glücks geschwommen und habe, öfter als ich es wissen mag, in wortloser Verzweiflung vor den Toren des Todes gestanden, und habe mich dann aus all dem Fremden, das mich zerdrücken und zerquetschen wollte, emporgerissen, wie von den braunen Riesenschwingen eines Adlerpaares getragen in einen Himmel der blauesten Poesie, in ein Elysium der süßesten Narkotika; ich habe in allem Wissen umhergetastet und bin an manchen Stellen bis auf den Grund getaucht – ach! die Meere waren seicht! – und was ich aus alle dem mitgebracht habe, das ist, daß ich gelernt habe, daß wir in einem Meer von ewigen Rätseln und Unergründlichkeiten schwimmen. Wir sind nichts denn ein Blitz in der Nacht, der einen kleinen Umkreis in ein fahles trügerisches Licht taucht. Was er da fahl und verschwommen und übergrell mit seinem Lichte beleuchtet, mit seinem Licht schafft, das ist unsere Welt. Wir haben nichts, wir sind nichts als die blitzartig auftauchenden Bilder. Und in ihnen ist keine Schuld und keine Güte, kein

Schön und Häßlich, sie kamen so wie sie kommen mußten. Und daß wir die Fähigkeit haben, wir Schaum vom Schaume der Wellen, diese Bilder in der Erinnerung wieder zu schaffen und an ihnen weiter zu leiden, daß wir nicht vergessen können und dabei von einem wilden Hunger nach dem Wissen eines zureichenden Grundes für alles dieses gepeitscht werden, das ist unser Privileg und grundloses Leid.

Ein Namenloser, GW I, S. 184

Eine solche Zerrissenheit, ein so abgrundtiefer Nihilismus verband ihn mit dem existentiellen Lebensgefühl der damaligen Expressionisten. Hier und weniger in formaler Hinsicht ergeben sich literaturgeschichtliche Parallelen. Sacks Werk ist zwar weitläufig von Bewusstseinselementen und Stilmitteln des Expressionismus durchdrungen, er ist jedoch weit entfernt davon, ein Parteigänger der Bewegung zu sein. Von den zeitgenössischen Literaturströmungen hielt er sich sogar auf fast arrogante Weise fern. Mit Trakl, Stadler oder Stramm ist er weder bekannt, noch interessierte er sich für ihre Werke. Er vertiefte sich lieber in die Klassiker oder den skurrilen Jean Paul, mit dem er die Vorliebe für ausschweifende Naturschilderungen teilte. In unbekümmerter Naivität frönte er einem genialen Dilettantismus.

Eines ist Sack am allerwenigsten abzusprechen: Ein eruptives, fast brachiales Talent: Er verfügt über eine Sprachmächtigkeit, Bildkraft und (aggressive) Gestaltungskraft, wie sie nur wenigen Autoren eigen ist. Seine Prosa weist Unvermitteltheit und sorglose Spontaneität auf. Vor allem in den Erzähleingängen seiner Novellen lodert eine „kühne Selbstverständlichkeit" (Hans Harbeck) der Sprache. Seine Naturbeobachtungen sind an poetischer Plastizität kaum zu übertreffen.

Sack wollte vor allem eines nicht: „Kitsch" schreiben. Und Kitsch war für ihn, wie erwähnt, alles, was der damalige Literaturmarkt abwarf. Der konsequente Autodidakt und „theoretische Anarchist" hielt provokativ dagegen: mit einer suggestiven, vorwärtsdrängenden, direkten, fordernden, anmaßenden, distanzlosen, aus dem Gefühl heraus wie selbstverständlich hingeschriebenen Prosa; mit einer bildkräftigen, gelegentlich elegischen Lyrik („Abzugskanäle, weil ich sonst nichts Vernünftiges schreiben kann"; zit. n. H.W. Fischer, in *GW* I, S. 53). Der ideale Schreibstil war für Sack: unverschnörkelt, unbekümmert, ungekünstelt und nicht „krank und unsittlich gemacht" durch „eine haarsträubende Moral". An Paula Harbeck schrieb er am 23. Dezember 1912:

> Kennen Sie mein Ideal von Stil? Ein Tempo soll in ihm sein, daß man den sich jagenden Gedanken nicht folgen, die Worte nicht schnell genug lesen kann, daß man den Atem verliert. Wer das könnte!

Seine Romankonzeptionen fordern, irritieren den Leser. Schon sein Romandebüt *Ein verbummelte Student* weist typische Merkmale eines experimentellen, offenen Romans auf: Das permanente Pendeln der Erzählperspektive zwischen der dritten und ersten Person, eine Handlung, die sich jeder Kausalität entzieht und Brüche aufweist, eine Vermischung der Gattungen, die u. a. Elemente des Märchenhaften, Traumhaften aufnimmt, die Zitation romantischer Vorstellungen und Klischees (blaue Blume), um diese ironisch zu entlarven bzw. zu zerstören, eine sich latent offenbarende Sprachskepsis. Sack zwang seinen Stoffen seine Ungeduld, seinen eigenen Rhythmus auf. Ein möglicher Verdacht kann jedoch entkräftet werden. Der von Paula Sack vorgelegte detaillierte Werkstattbericht über Sacks Gesamtœuvre veranschaulicht, dass der Autor seine Werke keineswegs „unordentlich hinschrieb", wie es vielleicht den Anschein haben könnte. Vielmehr dokumentieren die vielen Vorstufen, wie akribisch er um die letzte Textgestaltung gerungen hat.

Die frühesten, in das vorliegende Lesebuch aufgenommenen Zeugnisse datieren aus dem Jahre 1902. Sie stammen aus Sacks Gymnasialzeit in Wesel und finden sich in einer Schülerzeitung. Schon diese Beispiele zeigen, dass Sack keine Provokation scheute. Die folgenden Texte stehen in Zusammenhang mit Sacks Romanerstling *Ein verbummelter Student*. Die poetischen „Ergüsse" der dazwischen liegenden Jahre – sie umfassen die Zeitspanne vom 16. bis 24. Lebensjahr des Autors – können nach einhelliger Meinung „literarische Beachtung an sich nicht beanspruchen" (Paula Sack in den *GW*, S. 8), ja, sie sind „belanglos bis ärgerlich und peinlich" (D. Sudhoff). Das wenige, was der Autor aus dieser Zeit selbst gelten ließ, fügte er als Mosaiksteine in den *Verbummelten Studenten* ein. Um so mehr verwundert, dass aus der Zeit des „pubertierenden Dichters" schon etwas im Druck erschien. Gemeint ist Sacks umfangreiches, im Byron-Stil verfasstes Heldengedicht *Olof*. Die Mutter fertigte von dem Werk heimlich eine Abschrift an und ließ es 1904 im Berliner Verlag Gustav Schuhr unter dem Pseudonym „Ernst Schahr" drucken. Eine Fortsetzung *Erwins Tod* (1906) blieb ungedruckt, ein dritter Teil *Loge* (1907) kam über erste Anfänge nicht hinaus. Immerhin registrieren wir, dass Sacks literarische Ambitionen bis in seine Jugend zurückreichen.

Den Roman *Ein verbummelter Student* (ursprünglicher Titel *Der dunkelblaue Enzian*) verfasste Sack im Jahre 1910 binnen weniger Wochen. Er sandte ihn in der Erwartung an den Münchener Verleger Albert Langen, dass dieser gar nicht anders könne, als das Werk zu drucken.

> Aber dann ging ich zur Post, und dann ballte ich im Geist die Fäuste vor Wut! Noch immer keine Nachricht! Was heißt das? Und nun hock' ich hier, allein – oh, es ist zum Rasendwerden! Was setzt ihr uns in die Welt hinein und verbietet uns dann, sie zu verlassen, wenn wir genug, übergenug von ihr haben! Zu eurer Lust stoßt ihr uns hinein,

und nun sitzen wir hier und fluchen der Stunde, da es
geschehen. Tausendmal verflucht der Tag, an dem ich das
Licht sah! Stoßt uns in Lüge und Schuld und wortlose,
verzweifelnde Einsamkeit! Wieder ist es fünf – goldene
Wolken schwimmen über den grünblauen Himmel, oh,
wäre ich der ihren eine, wäre nie geboren! Über den
Kirchhof flog ein Spatz mit einer Eisbeere im Schnabel.
                    Tagebucheintrag vom 4. November 1910

Die Absage des Verlegers folgte auf dem Fuße. Sie stürzte
Sack in eine tiefe Depression. Immerhin blieb ein Funken Hoffnung, da Langen Änderungsvorschläge machte.
Sack „ließ keinen Stein auf dem andern. Längen wurden
unbarmherzig ausgemerzt, ganze Abschnitte umgestürzt;
jede Seite erstand neu. Der Ausdruck gewann lebendige
Körperlichkeit, die Farben begannen zu leuchten" (H.W.
Fischer, in *GW* I, S. 23). Auch diese Umarbeitung wurde
abgelehnt, weil Langen sich nicht mit einem „Zwitterding zwischen Roman und philosophischer Abhandlung"
anfreunden konnte. In seiner Verzweiflung wollte Sack
nach Konstantinopel fliehen. Als sein Plan entdeckt wurde, steckten ihn seine Eltern „unter die Soldaten [...], ein
ehedem für besonders probat gehaltenes Mittel, ‚überspannte Geister' durch Subordination ruhigzustellen"
(D. Sudhoff). Von Oktober 1911 an diente Gustav Sack
sein Jahr als Einjährig-Freiwilliger in Rostock ab.
Ein verbummelter Student trägt unverhüllt autobiographische Züge. Ein „Verbummelter" war Gustav Sack zur
Zeit der Abfassung tatsächlich. Im Sommersemester
1906 hatte er in Greifswald das Studium der Germanistik aufgenommen, das er im Sommer 1907 in Münster
fortsetzte. Das Sommersemester 1908 verbrachte er in
Halle. Anschließend kehrte er nach Münster zurück, wo
er sich endgültig dem Studium der Naturwissenschaften,
besonders der Biologie, widmete. Obwohl er hier bis
zum Sommer 1911 immatrikuliert blieb, hielt er sich seit
1910 wieder im Schermbecker Elternhaus auf und be-

suchte nur gelegentlich Vorlesungen und Übungen in Münster. Den Wunsch, erneut das Studienfach zu wechseln und Medizin zu studieren, lehnten seine Eltern ab. Sack schrieb im Schermbecker Elternhaus am *Verbummelten Studenten*, während er seinen Eltern vorgaukelte, fürs Examen zu pauken. Er hatte damals bereits mit der Aussicht auf eine bürgerliche Berufslaufbahn abgeschlossen. Von einem unzerstörbaren (freilich noch gänzlich unbegründeten) Glauben an seine literarische „Sendung" beseelt, traf ihn die Verhöhnung der Schermbecker doppelt:

> Sie nennen mich [...] den verbummelten Studenten, und blicken mit mühsam verhehlter Schadenfreude auf mich und meinen Vater. Daß ich sie wegen dieser spezifischen Primateneigenschaft niedriger schätze als meine verstorbene Katze, ist meine Quittung hierauf. Aber mit ihrem verbummelten Studenten haben sie insofern recht, als mein studere, meine Willenskraft – zwar nicht durch ein überlustiges Leben, wie sie sich zu glauben zwingen – verbummelt, zersplittert, gehemmt und unselig ist; als ich unfähig bin zu akademisch nüchterner, schematischer und absichtlich begrenzter, einseitiger Bearbeitung meiner Wissenschaften; Analogien, Beziehungen, Verbindungen und Zweifel zeigen sich mir überall und reißen mich über die Schranken des Schemas fort.
>
> *GW* I, S. 98f.

Der vom Studium erhoffte Aufschluss über eine höhere Welterkenntnis blieb aus. Im Gegenteil: Sack „verrohte". Als Burschenschafter ließ er sich bei exzessiven Mensuren das Gesicht zerschlagen. Er machte bedenkenlos Schulden und stürzte sich in immer neue Eskapaden von Rausch und Trieb. Sein erster Biograph, Hans Waldemar Fischer, resümierte:

> Dumpfe Räusche mit schlechtem Gewissen überwogen schließlich die klaren Genüsse. Daß er diese vermißte, erklärt seinen immer wieder geäußerten Durst nach einem reuelosen Freudenleben. Mahnbriefe, Klagen, Pfändungen

folgten ihm in den Ferien nach Schermbeck. Auch die Strafmandate und Vorladungen für mehrfach verübten Unfug fanden schließlich immer den Weg dahin. So kam er in den Ruf wüsten und verschwenderischen Lebens; sein zerhauenes Gesicht, seine hochmütige Ablehnung aller Kleinbürgerlichkeit und seine unleugbare Rauhbeinigkeit bestätigten den bösen Leumund. Er galt, als er 1910 nach Schermbeck zurückkehrte, für rettungslos verbummelt. Es ist keine Frage, daß der hochgewachsene, von Kraft strotzende und heftige Student oft und gründlich über die Stränge geschlagen hat. Aber es war kein Grund, ihn darum zu beneiden, wie die Pfahlbürger trotz ihrer Mißbilligung im Grunde taten; diese Exzesse waren mit Bedrängnissen und Selbstvorwürfen teuer bezahlt.

H.W. Fischer, in GW I, S. 17f.

Die Phasen exzessiven Rausches wechselten mit solchen, in denen er sich obsessiv und mit „wütendem Fleiß" den Naturwissenschaften und vor allem der Botanik widmete.

Die für Sack existentielle Sehnsucht nach einem einheitsstiftenden Weltmodell bildet ein Hauptthema des genannten Romans, der in Sacks Augen das „Bekenntnis einer verwirrten Seele" darstellte. Der Romanheld Erich Schmidt, ein sozialer Außenseiter, ist ein roher Tatenmensch, der rücksichtslos seinen Weg geht, sich selbst zum Maß der Dinge erklärt: ein Weltverächter, Verächter alles Mittelmäßigen, Verächter aller Moral. Von einer sinnentleerten Wut nach Selbstvervollkommnung rastlos und ohne Ziel umgetrieben, betrinkt er sich, hurt, erkennt keine Regeln an. Er bringt die schöne Grafentochter Loo um und erhält – der Gipfel des Monströs-Unwahrscheinlichen – von ihrem Vater das Schloss der Familie vererbt. Wie sein Verfasser, so ergeht sich auch Erich Schmidt in Weltfluchtgedanken und vergräbt sich in botanische Studien. Seine Suche nach der alles erklärenden Formel, jener Erklärung, die die „Dinge und das

Verhältnis zu ihnen" einschloss, endete, wie in anderen Werken Sacks auch, im Selbstmord.
Sack hat den Roman mehrfach, zuletzt 1916, überarbeitet. Zur Veröffentlichung gelangte das Werk allerdings erst nach seinem Tod. Dann allerdings bei einer der ersten Adressen des damaligen literarischen Lebens: dem Berliner S. Fischer Verlag. Es wurde ein Erfolgsbuch, das mehrere Auflagen erlebte. Die Zeitgenossen fühlten sich von diesem dämonischen, leidenschaftlichen, extremen Buch voll innerer Sprengkraft in hohem Maße angesprochen. Sack hatte offensichtlich den Nerv des Zeitgeistes getroffen. Der Romanheld Erich Schmidt verkörperte mit seinem nihilistischen Skeptizismus eine von vielen Mitmenschen empfundene Unzufriedenheit mit der heraufziehenden, zerrissenen Moderne und ihren Begleiterscheinungen: Technisierung, Entfremdung, Anonymisierung und Reglementierung des Ich, eingebunden in ein autoritäres Staatssystem. Der Roman gilt als Hauptwerk des Autors. Noch 1987 erfolgte eine Wiederveröffentlichung in der Reihe *Cotta's Bibliothek der Moderne*.
Ende 1912 schreibt Gustav Sack an einem zweiten Roman *Ein Namenloser* (ursprünglicher Titel *Mein Sommer 1912*). Das Werk „presst und filtert", wie er schreibt, sein „Rostocker Militärdienstjahr nach poetischem Gehalt aus" (Brief an Paula Harbeck vom 13. Dezember 1912). Der Roman ist, wie sich an Sacks Briefen nachzeichnen lässt, eine genaue Abspiegelung biografischer Erlebnisse. Schon Ende Januar schloss Sack ihn vorläufig ab. Er selbst bezeichnete das Werk als unmittelbare Fortsetzung des *Verbummelten Studenten*:

> Der „Namenlose" wurde [...] im bewußten Hinblick auf den „Studenten" geschrieben, und zwar fängt er eigentlich an, wo der Student endigt. Beiden zugrunde liegt das Suchen nach einer definitiven Wahrheit; der Student verbummelt darin, weil er von der falschen Voraussetzung ausgeht, eine adäquate Erkenntnis [...] sei möglich [...]. Von dieser Er-

kenntnis der Relativität unserer Welt, von der Unmöglichkeit einer adäquaten Wahrheit, ist der „Namenlose" nun von Anfang an durchdrungen.
Brief an Paula Harbeck vom 2. März 1913

Auch der „namenlose" Held ist ein „verbummelter Student". Vom fruchtlos-quälerischen Herumirren in der Wissenschaft befreit, entbrennt er in Liebe zu dem „Dirnchen Claire". Als diese spürt, dass sie dem Geliebten nur Mittel zum Zweck ist, seine Eigenliebe zu befriedigen, verlässt sie ihn und wendet sich einem anderen zu. Erst jetzt wird dem „Namenlosen" bewusst, „wie unfähig er ist, die Einsamkeit des Geistes auszuhalten" (D. Sudhoff). Um Aussöhnung bettelnd, läuft er dem Mädchen nach und nimmt dabei alle Tiefen der Selbsterniedrigung in Kauf. Als er später erfährt, dass Claire aus Verzweiflung über ihre zwanghafte Untreue seinen Rivalen und sich selbst getötet hat, nimmt er sich ebenfalls das Leben. Auch *Ein Namenloser* ist ein offener Roman. Bei den „Memoiren" des Erzählers wechseln trunkene „Erinnerungsszenen seines Rauschglücks [...] mit wütigaggressiven, selbstquälerischen Reflexionen und breiten, präzisbiologischen und zugleich visionär aufgelösten Naturbildern, die Sacks dichterische Begabung am überzeugendsten beweisen. Dazwischen werden lange Streitgespräche über Geist und Kunst geführt. Hier theoretisiert Sack auch über die Form dieses Romans, deren Unmittelbarkeit weniger naiv ist, als es zuerst scheinen könnte." (G. Untermöhlen 1965, S. 210) Im Vergleich zum *Studenten* ist der *Namenlose* in „seiner Tragik und seinem Pessimismus [...] radikaler und tiefer", wie Sack in einem Brief an seine Braut selbst herausstellte (2. März 1913). Der gescheiterte Fluchtversuch eines verzweifelten Nihilisten in den totalen Sinnenrausch wurde später als „expressionistisches Schulbeispiel" bezeichnet (G. Untermöhlen, 1965, S. 210).

Ende April 1913 brach Sack nach München auf, angeblich, um dort sein Studium abzuschließen. Er immatrikuliert sich jedoch gar nicht erst. Seine Hoffnung, im literarischen Leben Fuß zu fassen, blieb unerfüllt. Er lebte völlig verarmt in heruntergekommenen Verhältnissen. „So werde ich im Winter nach Schwabing überwandern und zusehen, ob ich Talent zum Bohemien habe", schreibt er am 10. Juni 1913 an Paula Harbeck (*Werke* 1962, S. 438). Dieses „Talent" besaß er unzweifelhaft nicht. So saß er denn „durchaus unbekannt, arm wie eine Kirchenmaus und aus Ekel hochmütig" – im *Café Stefanie*, um seinen unergründlichen Haß auf die „fixen Litteraten" und „journalistischen Handlanger" zu nähren, die sich nach seiner Meinung dem Erfolg zuliebe prostituierten: Ihre Geschäftigkeit und Wichtigtuerei, namentlich das „eifrige Begackeln jedes kümmerlichen Eies", die Bereitschaft zu Zugeständnissen hinter der Miene des Revolutionärs, die kleine Schlauheit, das Lob auf Gegenseitigkeit, alle diese minderen Absichtlichkeiten widerten ihn an." (vgl. H.W. Fischer, in *GW* I, S. 52) Dass, wie erwähnt, einige kleinere Arbeiten zum Abdruck gelangten, war nur ein kleiner Trost:

> Weil ich keinen Namen habe, kann ich meine großen Romane nicht verlegen. Also schreibe ich kleinere und leichtere Sachen, um mir einen Namen zu machen. Aber diese kleineren Sachen kann ich nicht unterbringen, weil ich meine Romane nicht verlegt habe und folglich keinen Namen habe.
>
> Zit. n. H.W. Fischer, in *GW* I, S. 51

Der für das vorliegende Lesebuch ausgewählte Essay *Aus Schwabing* zeigt, dass er sich mit genau jener einflussreichen Klientel anlegt, auf deren Unterstützung er für sein Fortkommen so dringend angewiesen war.

Das Münchener Jahr ist gleichwohl literarisch produktiv. Im Winter 1913/1914 entstanden die meisten Gedichte. Die Qualität dieser Lyrik ist sehr unterschiedlich. Neben

autobiographisch überfrachteten Gelegenheitsgedichten, die den Charakter beiläufiger Skizzen aufweisen, finden sich Texte von hoher poetischer Substanz.
Ebenfalls in die Münchener Zeit fällt die Fortsetzung des Romanfragments *Paralyse*, das in der Literatur als sein „Meisterwerk" angesehen wird. Die Anfänge des Werkes hatte Sack bereits Anfang 1913 in Schermbeck entwickelt. Der ursprüngliche Titel lautete *Der große Held*. Handlungsort sollten die Wüste oder die Tropen sein. Im Brief an Paula Harbeck vom 14. Februar 1913 nennt er als neuen Titel *Genie*. Nun sollte das Werk im Schweizer Hochgebirge spielen. Den Inhalt skizziert Sack in mehreren Briefen an seine Braut und spätere Frau: Ein Dichter-Philosoph erkrankt auf der Höhe seines Lebens an einer Geisteskrankheit.

> Er erkennt sie – körperlich vollkommen elend, ohne Fähigkeit der Erinnerung und logischen Denkens fällt er in die wildesten, phantastischsten Wahnideen, aber in optimistische; eine glühende Lebensbejahung und dabei er hilfloser als ein Kind.

Im „viehischen Wahn" begeht er einen Frauenmord. Schon gänzlich körperlich verfallen („nichts als ein elender Klumpen faulen Fleisches") besingt er „einen Sonnenuntergang in leuchtendsten Hyperbeln und jubelt über die ‚Ewige Wiederkehr'" (Brief an Paula Harbeck vom 14. Februar 1913). In dieser Situation wird er von einem Knecht, der sich seiner erbarmt, mit einer Axt erschlagen. Ein, wie Sack selbst herausstellte, „harter, grausamer" Stoff, wiederum vor dem Hintergrund verfasst, starke Affekte und Emotionen „zu entladen". Am Schluss sind Sinnenrausch, Naturschilderung und Sprache eins. Es vollzieht sich nach Sacks Worten eine Objektivation des Geschehens in „rauschloser Reinheit".
Aus der späteren Zeit sind mehrere Novellen sowie das ebenfalls (was die Zeichnung der Person des Jakob Vogel

angeht) stark autobiographisch angelegte Drama *Der Refraktair* zu nennen. Die Hauptthemen bleiben gleich: triebhafter Lebenskampf des Menschen, sittliche Erniedrigung des Menschen, Kritik an Staat, Gesellschaft und der Barbarei des Krieges. Letzteres kommt in Sacks Novellensammlung mit dem Titel *Tagebuch eines Refraktairs* (1914-1916) zum Ausdruck. Manche Texte wurden inmitten von Regen, Frost, Dreck, Hunger und Granathagel im Schützengraben geschrieben bzw. konzipiert.

Kurz bevor Sack im Oktober 1916 als Soldat nach Rumänien ging, soll er seiner Frau gesagt haben: „Jetzt müßte ich fallen; dann werden die Bücher gedruckt, du bist versorgt und alles ist in schönster Ordnung" (vgl. H. W. Fischer, in *GW* I, S. 83). Ein weiterer Trugschluss eines Autors, der mit seiner Genialität so wenig hauszuhalten und anzufangen wusste. Sack starb wenig später am 5. Dezember 1916 in Rumänien an einer tödlichen Kugel.

Benutzte Literatur (Auswahl)

Eine detaillierte Gustav-Sack-Bibliographie enthält das *Westfälische Autorenlexikon*. Hg. v. W. Gödden und I. Nölle-Hornkamp. Bd. 3: 1850-1900. Paderborn 1997, S. 594-601

Werkausgaben

Gustav Sack: *Gesammelte Werke in zwei Bänden*. Hg. v. P. Sack. 2 Bde. Berlin: Fischer 1919 [darin als Einführung in Bd. 1: H. W. Fischer: *Gustav Sacks Leben und Werk*; zit. als *GW*]
Gustav Sack: *Eine Einführung in sein Werk und eine Auswahl*. Hg. v. H. Harbeck. Wiesbaden 1958 [= Akademie der Wissenschaften und der Literatur. Reihe *Verschollene und Vergessene*]
Gustav Sack: *Die drei Reiter. Gedichte 1913 bis 1914*. Hg. v. Paul Hühnerfeld. Hamburg / München 1958
Gustav Sack: *Prosa, Briefe, Verse*. Hg. v. P. Sack. München / Wien: Langen-Müller 1962
Gustav Sack: *Paralyse. Der Refraktär. Neuausgabe des Romanfragments und des Schauspiels*. Hg. und mit einem Anhang versehen v. K. Eibl. München: Fink 1971

Unselbständige Veröffentlichungen Sacks zu Lebezeiten
[nur Erstdr. genannt] *Rhein.-Westf. Ztg.* (Essen) v. 28.10.1913: *Etwas mehr Philosophie*, v. Nov. 1913: *Der erste Futurist* [Glosse]; v. 8.11.1913: *Der Zynismus unserer Jüngsten*; v. 3.1.1914: *Vir dactissimus*; v. 30.10.1917: *Ein Begräbnis* [Novelle] – *Zeit im Bild* (München) v. Mai 1914: *Abend* [Ged.]; v. 12.3.1914: *Der Schuß* [Ged.]; v. 12.11.1916: *Der Igelrücken* [Novelle] – *März. Eine Wochenschr.* (München) Stuttgart, v. 23.10.1916: *Hinter der Front* [Novelle]; v. 16.12.1916: *Der stille Gast* [Novelle]; v. 15.9.1917: *Der Föhn* [Ged.]; v. 1.12.1917: *Kitsch* [Essay]; v. 14.4.1917: *Der Flieger* [Novelle] – *Kulturkorrespondenz* (Berlin) v. Juni 1916: *Lerchen* [Novelle]

Selbständige Veröffentlichungen über Gustav Sack
Karl Eibl: *Die Sprachskepsis im Werk Gustav Sacks.* München 1970
Paula Sack: *Der verbummelte Student. Gustav Sack,* Archivbericht und Werkbiogr. München 1971
Hellmut Scheffler: *Gustav Sack 1885-1916. Leben und Werk des Schermbecker Dichters im Spiegel der Literatur.* Bd. 1. Schermbeck 1985. Bd. 2 ebd. 1991
Dieter Sudhoff: *Die literarische Moderne und Westfalen. Besichtigung einer vernachlässigten Kulturlandschaft.* Bielefeld 2002, S. 95-136
Gerta Untermöhlen: *Ein Namenloser,* in: *Kindlers Literatur-Lexikon.* Bd. 5. Zürich 1965, S. 210.

Nachlass
Gustav Sacks Nachlass [24 Kästen] befindet sich im Deutschen Literaturarchiv Marbach in einem eigenen Gustav-Sack-Archiv, vgl. P. Sack: *Das Gustav-Sack-Archiv. Ein Nachlaß-Bericht.* In: *Literaturwiss. Jb.* 10, 1969, S. 231-271; Bd. 11, 1970, S. 357-368. Der Nachlass enthält auch die Korrespondenz Gustav Sacks.

Walter Gödden